JENSEITSWELTEN

JENSEITSWELTEN

LEBEN NACH DEM TOD

FRANJO TERHART

Copyright © Parragon Books Ltd
Queen Street House
4 Queen Street
Bath BA1, 1 HE, UK

Producing: ditter.projektagentur Gmbh
Projektkoordination und Bildbeschaffung:
  Irina Ditter-Hilkens
Lektorat: Ulrike Kraus
Design (Reihe): Claudio Martinez
DTP-Layout und -Satz:
Malzkorn Kommunikation & Gestaltung,
Gerd Türke
Lithographie: Klaussner Medien Service GmbH

ISBN 10: 1-40547-894-2
ISBN 13: 978-1-40547-894-6

Printed in Thailand

INHALT

JENSEITSWELTEN

Das Leben als Teil des großen Ganzen

Unsere Urahnen haben wohl bereits recht früh geglaubt, dass das irdische Leben nur der Teil eines größeren Ganzen ist. Das Jenseits wurde von den Menschen sozusagen als weißer Fleck auf der Landkarte des Lebens entdeckt und mit unterschiedlichen Bildern und Vorstellungen, die von Kulturkreis und Religion abhängig sind, ausgemalt. In der Vorstellung der meisten Völker geht das Leben über den letzten Atemzug hinaus – hinein in eine andere Welt, die der diesseitigen oft gar nicht so unähnlich ist.

Der Jenseitsglaube beginnt in der Steinzeit

Der Glaube an eine jenseitige Welt reicht wahrscheinlich zurück bis in die Steinzeit. Zwar besaßen die Menschen damals bereits eine Sprache, aber noch keine Schrift. Die Wände ihrer Höhlen verzierten sie mit geheimnisvollen Symbolzeichen wie Spiralen, Kreisen und Punkten. Vermutlich wollten sie, so die Forschung, damit auch ausdrücken, dass das Leben mehr beinhaltet als die Jagd und den täglichen Überlebenskampf. Von Anfang an scheint der Mensch gefühlt zu haben, dass der Tod nicht das

absolute Ende, sondern lediglich eine Grenze markiert. Vorstellungen, dass das Erdenleben nicht alles gewesen sein kann, hatten die sibirischen Schamanen ebenso wie die Azteken und Inkas Mittel- bzw. Südamerikas, die Kelten und Germanen in Nordwesteuropa oder die verschiedenen ethnischen Stämme Afrikas. Sie alle entwickelten teils ähnliche, teils unterschiedliche Bilder von einer jenseitigen Welt.

Grabbeigaben für ein anderes Leben

Grabbeigaben belegen den Glauben an ein Weiterleben nach dem Tod beziehungsweise an die Reise in eine andere Welt. Bereits der Neandertaler legte seinen Toten Blumen mit ins Grab.

Mit der Zeit wurden die Vorstellungen von einem Leben nach dem Tod differenzierter. Auffällig ist die Annahme mancher Völker, dass der Körper über eine unsterbliche Seele verfügt, deren Aussehen sich vom physischen Körper nicht so sehr unterscheidet. Der Tote findet sich mit seinem feinstofflichen Leib in einem Jenseits wieder, das seinen kulturellen Hintergrund und seine Glaubenswelt widerspiegelt. So erleben die verstorbenen Indianer im Totenreich eine wunderschöne Präriewelt, und die Ägypter erfahren ihr gesellschaftliches Leben – allen gemein ist, dass es ewig genügend Lebensmittel und Frieden für alle gibt. Dass alles besser ist als im Diesseits, gehört mit zum Bild vom Jenseits.

Die Entdeckungsreise durch jenseitige Welten

Die folgenden Kapitel sollen eine Entdeckungsreise sein – eine Reise der besonderen Art in die Jenseitswelten der verschiedenen Kulturen und Religionen. Es wäre nicht richtig zu sagen, dass sich die Menschen das Leben im

Grabbeigaben belegen den Glauben an ein Weiterleben nach dem Tod beziehungsweise an die Reise in eine andere Welt. Je höher der soziale Rang des Verstorbenen war, desto kostbarer fielen die Grabbeigaben aus.

Die Frage, ob es ein Leben nach dem Tod gibt, wird sich der Mensch ewig stellen. Friedhöfe sind Orte der Trauer und des Andenkens der Verstorbenen, aber auch Schnittstellen von Diesseits und Jenseits.

Jenseits bloß ausgedacht haben. Der Glaube an eine Welt nach dem irdischen Tod entspringt den Vorstellungen von Religion und Kulturraum, er sagt Wesentliches über die Erwartungen und Hoffnungen der Menschen aus.

Der iranische Dichter und Mathematiker Omar Khayyam (ca. 1048–1122) bringt es auf den Punkt, wenn er schreibt: „Ich schickte meine Seele durch das Unsichtbare, um mir Kunde von jenem Leben nach dem Tod zu bringen. Bald darauf kehrte sie zu mir zurück und antwortete: Ich selbst bin Himmel und Hölle." Im Klartext heißt das: Wir bekommen im Jenseits genau das, was wir im Diesseits erwarten und glauben.

Heutzutage berichten Menschen von Erlebnissen, die sie in einer so genannten „Nahtoderfahrung" hatten, nachdem die ärztliche Kunst sie wieder in die Welt der Lebenden zurückgeholt hat. Nicht viel anders als die Eingeweihten der griechischen Mysterienkulte erklären auch sie, dass das Sterben eine Einweihung (Initiation) in ein neues Leben ist. Was die Menschen an der Schwelle von Leben und Tod berichten, entspricht weitestgehend ihren jeweiligen Erwartungen vom dortigen Leben.

Geisterseher wie Emanuel Swedenborg oder die Prinzessin Eugenie von der Leyen werden von Verstorbenen heimgesucht. Ihre Beschreibung des Jenseits spiegelt christliche Vorstellungen von Fegefeuer und Strafe wider.

Eine welt- und zeitumspannende Topografie des Jenseits

Es ist den Menschen aller Kulturen und zu jeder Zeit wichtig gewesen, ein möglichst genaues Bild vom Jenseits zu erhalten, seien es Ägypter, Griechen, so genannte primitive Völker oder Hochreligionen, Okkultisten, Spiritisten oder Esoteriker.

Das Phänomen ist weltumspannend, und auch hier sieht man wieder, wie sehr die jeweilige Religion und der spezifische Kulturraum das Aussehen des Jenseits prägen. Obwohl viele Motive ähnlich und häufig wiederkehrend sind, entstehen zum Teil recht unterschiedliche Auffassungen. Auf den nachfolgenden Seiten werden Jenseitsvorstellungen der Völker, der Religionen und der Medien aus allen Zeiten und Kulturen befragt und dargestellt. Sie alle tragen gemeinsam dazu bei, eine spannende Topografie – eine einmalige Landkarte – des Jenseits zu entwerfen.

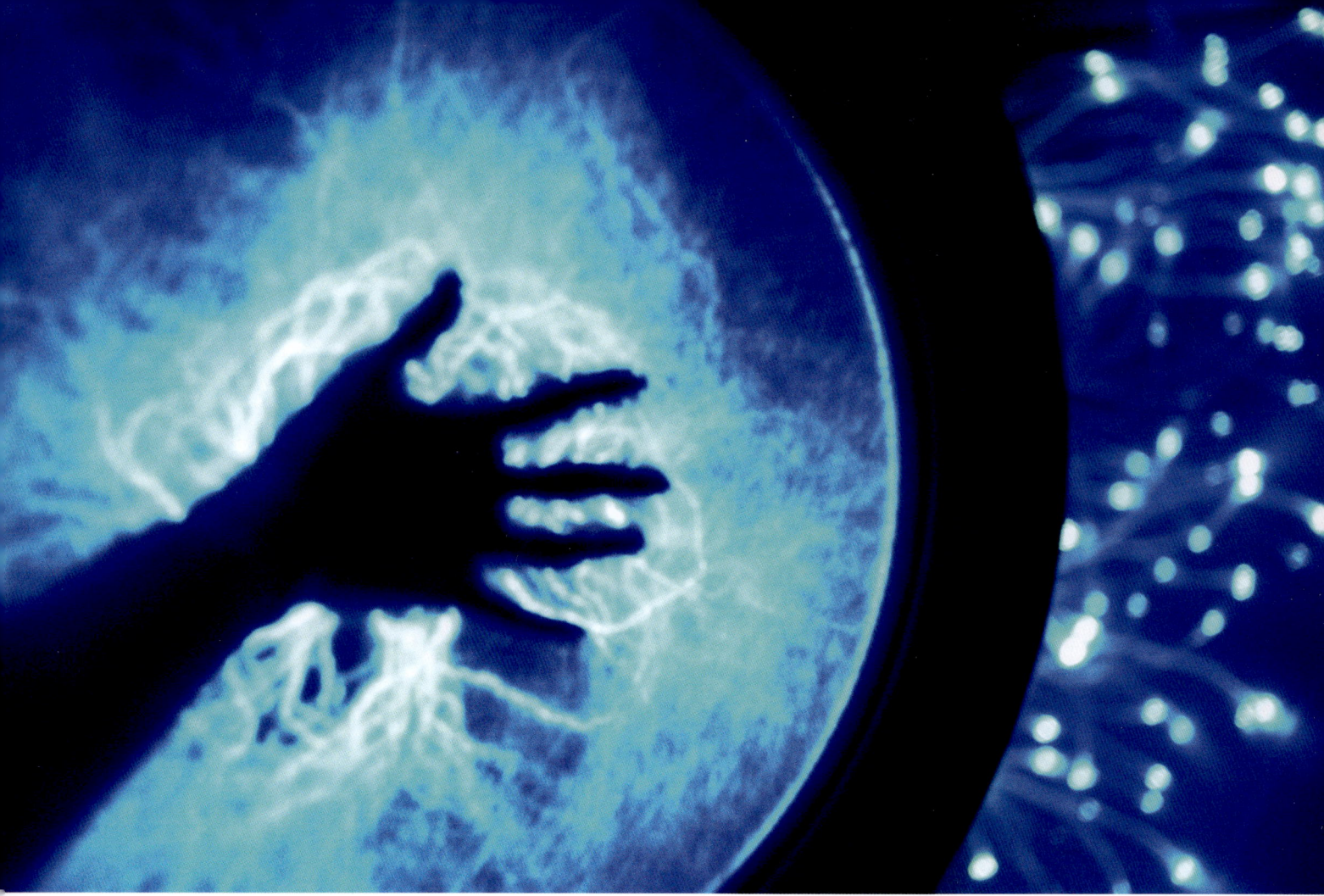

Medien behaupten, sie könnten die Aura – beispielsweise die einer Hand – wahrnehmen. Dabei sprechen sie von unterschiedlich starken Farben, die auf Krankheiten, aber auch auf Gemütszustände hinweisen.

Der vielschichtige menschliche Körper

Im Glauben vieler antiker Völker und alter Religionen spielen drei feinstoffliche Körper – Ätherkörper, Astralkörper und Mentalkörper – zusammen mit dem physischen Körper eine wichtige Rolle beim Leben und Sterben. Alle vier zusammen machen den Menschen ganzheitlich und stellen ihn in einen diesseitigen wie jenseitigen Raum.

Diese Konzeption des Menschen, der aus einem äußerlich sterblichen und zugleich feinstofflichen, unsterblichen Leib besteht, taucht in unterschiedlichen Variationen in den Vorstellungen der Menschheit über das Rätsel Tod immer wieder auf. Dabei kann man generalisierend folgende Vorstellungen festlegen.

Die Aura

Zum einen besitzt der Mensch demnach eine Aura, die von medial begabten Menschen wahrgenommen werden kann. Sie umhüllt den Körper als Lebensenergie. Darüber ist von Theophrastus Paracelsus (1494–1541) im Mittelalter, über den österreichischen Arzt Franz Anton Mesmer (1774–1815), der den Begriff „animalischer Magnetismus" einführte, bis hin zum Sichtschirm des Londoner Arztes Dr. Walter Kilner (1847–1920), der die Aura eines Menschen mit technischen Mitteln sichtbar machen wollte, geschrieben und nachgedacht worden. Das letzte technische Verfahren stellte der Ukrainer Semjon Davidowitsch Kirlian 1939 vor. Er hatte eine fotografische Möglichkeit entdeckt, die heute unter dem Namen Kirlian-Fotografie bekannt ist. Mit ihr lassen sich bei Lebewesen Auren erforschen, die sich deutlich als „Koronarstrahlung" auf dem belichteten Material abzeichnen.

Die drei feinstofflichen Körper

Allgemein ist in der Esoterik und bei verschiedenen Medien neben dem physischen Körper stets die Rede von zwei oder drei feinstofflichen Körpern. Diese Sichtweise deckt sich mit denen antiker Völker (Ägypter) und verschiedener Glaubensrichtungen (z. B. Hinduismus). Um eine Vorstellung von diesen anderen „Körpern" des Menschen zu gewinnen, die mit bloßem Auge normalerweise nicht wahrgenommen werden können, werden sie hier vorgestellt.

1. Der Ätherkörper. Er ist für die Verbreitung der physischen Abläufe zuständig. Dabei fungiert er wie eine Art Barometer des persönlichen Wohlbefindens. Es gibt Heiler, die allein über die Betrachtung des Ätherkörpers Krankheiten diagnostizieren können. Beim Tod des Menschen stirbt auch der Ätherkörper.

2. Der Astralkörper. In ihm werden Gefühle verarbeitet. Er wird aus all den Wünschen, Emotionen und Gedanken gebildet, die der menschliche Geist beherbergt. Dieser feinstoffliche Leib ist das Vehikel beim Astralwandern. Beim Tod des Menschen verlässt er den Körper und geht in die Astralwelt ein. Spontan löst er sich bei Unfällen vom Körper, unter Einfluss von Drogen und wenn ein Mensch ins Koma fällt. Der Astralkörper ist jener Teil des Menschen, der bei Nahtoderlebnissen umherwandert und Ereignisse in der Astralwelt erfährt.

3. Der Mentalkörper. In ihm sind alle Gedanken einschließlich der übersinnlichen und intuitiven Wahrnehmungen zu Hause. Mit ihm erkennen Menschen in tiefer Versenkung den höheren Geist und haben spirituelle Erfahrungen.

Auf der anderen Seite ist er ganz dem irdischen und materiellen Bereich verhaftet – was nicht negativ gemeint ist. Im tibetischen Buddhismus kann der Mensch durch den Mentalkörper die Illusion der Welt, die für den Buddhisten nicht real ist, durchschauen und zur wahren Erkenntnis gelangen.

Der feinstoffliche Leib ist das Vehikel beim Astralwandern. Stirbt der Mensch, löst er sich für immer vom Körper und geht in die Astralwelt ein. Bei Nahtoderlebnissen kann der Astralleib durch Mauern hindurchgehen.

Jenseitsvorstellungen antiker Völker

ÄGYPTER

Ein sonderbarer Brauch

Der griechische Schriftsteller Herodot (ca. 484–425 v. Chr.) berichtet von einem außergewöhnlichen Brauch der Ägypter, dem er bei seinem Besuch im Land der Pharaonen im Jahr 460 v. Chr. begegnet ist. Herodot schreibt, dass die Ägypter bei jedem Gastmahl einen Toten in einem Behältnis im Kreis der Anwesenden herumgehen lassen – gemeint ist ein mumiengestaltiges Figürchen –, um sich an den Tod zu erinnern.

Die Erklärung für dieses aus heutiger Sicht eigenartige Verhalten liefert Herodot gleich mit. Die Ägypter erläuterten ihm den Brauch folgendermaßen: „Diesen schau dir genau an und trink und ergötze dich! Denn bist du gestorben, wirst du ebenso sein." (1) Nicht etwa die Trauer um einen Toten war also Triebfeder für dieses Verhalten, vielmehr sollte dem Glauben der Ägypter nach die kleine Mumie zum Lebensgenuss auffordern.

Im alten Ägypten wurden „Pyramiden für die Ewigkeit" errichtet, weil das Volk am Nil durch seine Taten und seine Glauben versuchte, die Zeit auszuschalten. Auch ägyptische Bilder deuten fast immer auf das Ewige hin.

Gedanken an die Ewigkeit

Anscheinend besaßen die alten Ägypter ein ausgeprägtes Bewusstsein für die zeitliche Begrenztheit des irdischen Lebens. Die starke Gegenwärtigkeit des Todes führte dazu, dass der Mensch durch seine Taten und durch seinen Glauben versuchte, die Zeit auszuschalten. In der ägyptischen Kunst, den Pyramiden und den Mumien erkennt man stets den Drang, sich zu verewigen. Die Ägypter wollten etwas Bleibendes für die Ewigkeit hinterlassen. Ägyptische Bilder deuten häufig auf das Ewige hin. Das zeigt auch der Mumienkult. Das alte Ägypten wird stets mit seinen zahllosen Mumien in Verbindung gebracht. Es stellt sich die Frage, zu welchem Zweck die Toten derart aufwändig bandagiert und beigesetzt wurden.

Der Sinn der Mumifizierung

Vor der eigentlichen Mumifizierung wurden dem Toten die inneren Organe und das Hirn entnommen, um diese

Mumien wie diese sind ebenfalls ein Beleg für den starken Glauben der alten Ägypter, sich ewig erhalten zu wollen. Als Mumie blieb der Tote als Ganzes erhalten. Grabbeigaben sollten ihn ernähren, kleiden und schmücken.

später in eigens dafür vorgesehenen Krügen in der Grabkammer mit beizusetzen. Der Leib wurde mumifiziert und damit konserviert. So konnte der Tote als Ganzes erhalten bleiben. Zwar schrumpfte das Fleisch, aber der Verstorbene wurde in seinem Leib bewahrt, blieb in einem „Haus" – der Grabkammer – wohnen, wobei ihn die mitgegebenen Beigaben ernähren, kleiden und schmücken sollten. Die Ägypter schufen also eine Art „lebenden" Leichnam, den es zu versorgen galt. Neben dem Grab ist im ägyptischen Glauben sowohl der Himmel als auch das Totenreich ein Aufenthaltsort der Verstorbenen. Ist der Himmel anfangs noch dem toten König vorbehalten, so wird er in späterer Zeit auch von seinen Untertanen beansprucht. Eine Reihe von Sargtex-

ten formuliert die himmlische Existenz des Toten. Der Ägypter gewinnt den Himmel als Totenreich, wo sich *Ba*, die vogelgestaltige und menschenköpfige Seele, mit dem Himmel verbindet. Die Bewahrung des Leibes als Mumie ist für diese Himmelfahrt allerdings Voraussetzung, da das *Ba* jede Nacht wieder zum Körper zurückkehren muss.

Osiris – Herrscher der Toten

Der ägyptische Mythos besagt, dass Osiris, der Gatte und Bruder von Isis, einst von seinem Bruder Seth ermordet und zerstückelt wurde, da Seth die Alleinherrschaft über die Menschen beanspruchte. Isis aber gelang es, den

Der Gott Osiris (links zwischen den beiden Frauen zu sehen) ist der oberste Richter des Totengerichts.

Geliebten wieder zusammenzusetzen und ihn so auferstehen zu lassen. Osiris zeugte mit Isis Horus, den Himmelsgott, als seinen Erben und Rächer. Durch ein Göttertribunal wurde entschieden, dass Osiris Herr über die Unterwelt und ihre unzähligen Toten sein sollte. So wurde Osiris oberster Richter des Totengerichts. Diese Auferstehung von den Toten sollte auch jedem Menschen im Tod widerfahren, wenn er zuvor im Leben die Mysterien seines Gottes an sich selbst vollzogen hatte. Dabei ahmte er symbolisch den Tod des Osiris nach. Und nur weil er diese Einweihung erfahren hatte, würde er auch im Jenseits überdauern.

Der ägyptische Himmel ist weiblich

Im Glauben der alten Ägypter ist der Himmel eine Frau. Die Himmelsgöttin heißt Nut und ist die Mutter des Osiris. Sie spricht: „Ich will dich gebären aufs Neue, in Verjüngung." (2) Alle, die diese Erfahrung nicht machen,

werden im Totenreich dahinschwinden, ja, sie werden, wie es heißt, „im Totenreich verwesen". Allerdings muss der Mysterienschüler zuvor seinen Weg durch das Jenseits mit seinen zahlreichen Toren und Hallen zurücklegen. Dämonische Wesen bevölkern jeden Raum und bedeuten Gefahr für die Seele auf ihrer „Nachtfahrt". Der Tote bewegt sich durch diese Unterwelt hindurch mittels seiner Sprache: anrufend, beschwörend, einschüchternd, bittend, antwortend oder drohend. Sein „Wissen" über wichtige Namen, Götter und Riten des Kults schützt ihn vor den Dämonen und hilft ihm auf dem Weg zu Osiris.

Das Buch Amduat

Der Weg durch die Unterwelt ist gefahrenvoll. Ständig bedrohen den Toten Türhüterdämonen, die ihn im Fangnetz festhalten wollen. Zudem muss er seine Würdigkeit für ein jenseitiges Weiterleben wie die Götter unter Beweis stellen. Der Weg der Seele, die zu Osiris will, um am Ende so zu werden, wie der „Größte Gott selber", wird im Buch Amduat (*Amduat* = „das, was in der Unterwelt ist") beschrieben.

Ein Bereich des Osiris-Totenreichs ist himmlisch zu nennen. Aber es existiert noch eine zweite Hälfte, die grauenhaft und schrecklich ist. Hier mangelt es an allem, an Wasser, an Brot, an Licht. Schlimme, dämonische Wesen schlagen Köpfe ab, trennen Hälse vom Rumpf, reißen Herzen aus der Brust, richten Blutbäder an. Tiefes Entsetzen treibt die Toten an, von hier wieder fortzukommen, aus einem Land, „wo die Sterne umgestürzt auf ihre Gesichter fallen und nicht wissen, wie sie sich wieder erheben sollen." (2) Der Mensch selbst muss seinen eigenen Kot essen, alles ist in sein Gegenteil verkehrt.

Wem dort nicht bewusst ist, was von ihm erwartet wird, verfällt diesem Ort der Verdammnis und bleibt ewig dort stecken. Wer aber durch Einweihung vorab das nötige Wissen erworben hat, der wird seinen Weg erfolgreich gehen können durch die einundzwanzig Tore, die sieben Hallen und fünfzehn Stätten der Unterwelt. Nur dann kann er sich im Reich des Osiris zu den anderen Göttern als Gleicher an den Tisch setzen. Er erfährt dabei die „Reise der Sonne durch die Nacht", befindet sich auf großer Jenseitsfahrt und muss auf diesem Weg zahlreiche Prüfungen bestehen.

Einhundertneunzig Sprüche als Begleitung durch das Jenseits

Das berühmte Buch Amduat zeigt, dass es den Ägyptern auf den Mysterienweg ankam, auf dem der Tod überwunden wird. In einhundertneunzig Sprüchen wird der Mysterienschüler alles Wesentliche gelehrt. Bereits zu Lebzeiten wurde alles eingeübt mit der Hoffnung, dass das Geübte und Bestandene auch in der realen Situation des Todes Wirkung zeigt.

Ziel des Buches, das einen Weg durch das Jenseits beschreibt, ist, dass der Mensch sich mit dem „Reich der ewigen Dauer" vereint. Der Tote soll sprechen: „Ich bin das Ba (die Seele) des Osiris und gehe in ihn ein." (2) Der Mysterienschüler verdrängt die Finsternis der Unterwelt, ist „aufgerichtet, erneuert, verjüngt." Er ist für immer und ewig ein „Osiris, der Herr der Ewigkeit" geworden. Diese Erfahrung geschieht durch die Einweihung, sodass er als „Erwachter" durch Leben und Tod schreiten kann. Verjüngt – denn in der Vorstellung des Mysterienkults tritt der Erwachte als Greis am Schwanz einer Schlange in sie ein und kommt als Jüngling aus ihrem Maul wieder heraus. Doch vor dem endgültigen Schritt ins Jenseits ist eine der letzten Prüfungen für jeden Toten das Totengericht.

Osiris ist der Herrscher über die Unterwelt und die Toten. Er selbst war getötet worden und von den Toten auferstanden. Dies sollte auch allen widerfahren, die an ihn glaubten.

Nut ist die Himmelsgöttin der alten Ägypter und zugleich die Mutter des Osiris. Sie spricht: „Ich will dich gebären aufs Neue, in Verjüngung." (2) Doch nur der Mysterienschüler erfuhr diese Neugeburt – alle anderen verwesten.

Ein Totengericht vor zweiundvierzig Richtern

Das Totengericht findet in der „Halle der beiden Wahrheiten" unter Vorsitz des Osiris statt. Rechte Lebensführung ist Voraussetzung für ein Fortbestehen im Jenseits. Unbedingt sollte der Tote Osiris' Namen kennen, wenn er überhaupt einen Schritt weiter machen will. Deshalb wird er nach dem Namen des Hausherrn gefragt: „Wer ist das?" – „Osiris." – „So zieh dahin, Seele, du bist angemeldet."

Jetzt erst tritt er vor das eigentliche Gericht, wo dem Toten vorab vier Fragen gestellt werden: „Weshalb bist du gekommen?" – „Um angemeldet zu werden." – „Wie bist du beschaffen?" – „Ich bin rein von jeglicher Sünde." – „Wem soll ich dich anmelden?" – „Dem, dessen Decke Feuer, dessen Mauern lebende Uraen [Schlangen mit Falkenköpfen], dessen Hauses Fußboden die Flut ist." (2) Gemeint ist das Reich des Gottes Osiris.

Das „Negative Bekenntnis"

Nun muss er vor zweiundvierzig Totenrichtern zweiundvierzig Sünden aufzählen mit der Beteuerung, keine einzige davon begangen zu haben. Dabei hält er sich an die rituelle Form des so genannten „Negativen Bekenntnisses". Gefragt wird er mit der Formel „Du sollst nicht …" nach bestimmten Vergehen wie Verrat, Prahlerei, Täuschung, Veruntreuung, Raub und Diebstahl. Auf diese Fragen antwortet der Tote mit: „Ich habe nicht …", wobei die zweiundvierzig Richter jede seiner Aussagen prüfen.

Gewogen und für zu schwer befunden?

Während der Tote behauptet, nicht gesündigt zu haben, wird sein Herz vom Schakalgott Anubis gegen die Feder der Maat, der Göttin der Gerechtigkeit, aufgewogen. Das Resultat verbucht der Schreibergott Thot.

Es gab im Totenreich des Osiris zweiundvierzig Totenrichter. Ihnen musste man die Sünden aufzählen und beteuern, keine davon begangen zu haben.

Das Senet-Spiel

Die Ägypter kannten ein Brettspiel, das „Senet" heißt und so viel wie „vorbeigehen" oder „passieren" bedeutet. Es wurde zu zweit auf einem Brett von drei mal zehn Feldern gespielt. Einige Felder sind mit Zahlzeichen gekennzeichnet, andere mit Symbolen für den Himmel oder die Hölle, und andere wiederum tragen Figuren von Menschen und Göttern. Der Sinn des Spiels besteht darin, alle dreißig Felder mit ihren verschiedenen segens- oder unheilvollen Bedeutungen in geschlängelter Form zu passieren und als Erster alle Steine des Gegners herauszuspielen. Dieses Spiel ist durch Begräbnistexte und Grabfunde belegt und wurde gerne zum Vergnügen gespielt. Es hatte aber auch eine religiöse Bedeutung und diente als Simulation des Übergangs der Seele in das ewige Leben der Unterwelt. Im Grab des Priesters Sennedjem wird sinnbildlich als Ziel dieses Spiels der Zugang und die Verfügung über die ewige Nahrung dargestellt.

Ist das Herz leichter als oder genauso schwer wie die Feder, ist der Verstorbene berechtigt, ins Jenseits zu gehen. Ist allerdings das Herz schwerer, so ist die Seele mit Schuld beladen und kann nicht mehr gerettet werden. Das Herz des Toten wird von Ammut, der Fresserin, im finsteren Tal verschlungen, und er stirbt ein zweites Mal.

Die himmlische Versorgungsgemeinschaft

Wird er von aller Schuld freigesprochen, so lebt er als Person im Jenseits weiter. Fortan ist er Mitglied der himmlischen Versorgungsgemeinschaft. Er erhält zu essen und zu trinken und ein Haus. Das jenseitige Leben in Ägypten und die Gemeinschaft der Seligen sind nach diesseitigem Vorbild konzipiert.

Damit stehen den von der Schuld Freigesprochenen die Nahrung der Götter und ihr Leben im Jenseits auf ewig und unbegrenzt zur Verfügung. Für einen Ägypter gab es nichts, was er sich mehr als Lohn für sein tugendhaftes Leben erhoffen konnte.

Gott Thoth war bei den Ägyptern der Herrscher über die Magie. In einem Papyrus im Museum von Kairo steht geschrieben, dass wer den ersten Zauberspruch Thoths sagt, sogar versteht, was die Tiere sprechen.

Das Gemälde des Malers Michelangelo zeigt Verstorbene, die von Charon im Boot in den Hades gebracht werden. Die griechische Unterwelt war der Ort der Schatten, der Schrecknisse und ohne jede Hoffnung auf Rückkehr.

GRIECHEN UND RÖMER

Mysterieneinweihung als Waffe gegen die finstere Unterwelt

„Ich kam an die Grenzscheide von Leben und Tod. Ich übertrat in der Unterwelt die Schwelle der Proserpina [Göttin des Todes], und nachdem ich durch alle Elemente gefahren, kehrte ich wieder zurück." (3)

Dieser Text ist über zweitausend Jahre alt und stammt von einem namenlosen Mann, der in die alten Mysterienkulte eingeweiht worden war. „Mysterium" bedeutet der Übersetzung nach, dass es sich hierbei um etwas handelt, das nur für Eingeweihte, die so genannten *mystai*, bestimmt ist, also für einen sehr exklusiven Kreis. Die Menschen des klassischen Altertums glaubten, durch die Einweihung in die Mysterien an der göttlichen Macht

teilzuhaben und im Leben nach dem Tod davon zu profitieren. Alle, die keine Einweihung durch die Mysterien erfuhren, waren für den Hades, die Unterwelt, bestimmt.

Was ihnen in der Einweihung widerfuhr, war ein symbolisches oder rituelles Todeserlebnis. Das hatte mit Dunkelheit, Eingeschlossensein und völliger Abgeschiedenheit zu tun, wobei Priester das „Erlebnis" geschickt inszenierten. Aber die Gläubigen verstanden das nicht als Theaterspiel, sondern als ihre Errettung, sobald sie wirklich starben. Ihr Ich würde im Jenseits weiter bestehen bleiben und kein Schatten sein.

Verschiedene Mysterienkulte

In der Antike haben sich verschiedene Mysterienkulte herausgebildet. So gab es die Mysterien von Eleusis in Griechenland oder die Mysterien des Mithras in der Endphase des Römischen Reichs. Ziel der Einweihung, über die man selbstverständlich Stillschweigen bewahren musste, war es, ein geheimes Wissen zu erlangen. Dieses Wissen befähigte den Mysterienteilnehmer, Göttliches und Menschliches, Irdisches und Überirdisches tiefer zu erkennen, aber auch die Angst vor dem Tod und den Schrecken vor dem Hades ein für alle Mal zu verlieren. Dem Eingeweihten sollte ein besserer Weg bevorstehen als den übrigen Menschen.

Die Götter werden menschlich

Einweihung geschah vor allem dadurch, dass das Leben des Einzelnen mit dem der Götter verbunden wurde. Wenn beispielsweise Demeter den Raub ihrer Tochter Persephone durch den Totengott Hades bedauerte, so erkannte der Mensch darin, dass auch die Überirdischen ähnliche Gefühle hatten wie er selbst. Das knüpfte ein Band zwischen Gott und Mensch, das für die Menschen der Antike so stark war, dass sie sich über ihren eigenen Tod hinaus mit ihrem Gott verbunden wussten. Der in der Einweihung erfahrene Gott wurde auf eine menschliche Ebene gestellt. Der eingeweihte Mensch fühlte sich diesem Gott in Trauer, Schmerz und Angst verwandt. Was heutzutage vielleicht merkwürdig klingen mag, bedeutete in der antiken Religionswelt eine große Umwälzung. Götter galten als der irdischen Sphäre ent-

Die Reste eines Mithrastempels in Rom zeigen den Gott zusammen mit seinem Lieblingstier, dem Stier. Mithras wurde als Sonnengott verehrt, der die dunklen Mächte bekämpfte. Wilde Stiere wurden diesem Gott geopfert.

hobene Übergestalten. Man konnte sie anbeten, ihren Beistand erflehen, aber dass sie wie die Menschen trauerten, dass sie ebenfalls litten, war vollkommen neu. Das machte sie menschlich. Aber dieses menschenähnliche Verhalten der Götter erfuhren eben allein die Eingeweihten der Mysterienkulte.

Das scheußliche Reich des Totenherrschers

Wer nicht eingeweiht war, den erwartete ein anderes Schicksal – ein Jenseits, kalt, tot und voller Schrecknisse und Gefahren. Hier, in der Unterwelt, regierte der Gott Hades zusammen mit seiner Gattin Persephone (in der römischen Mythologie sind dies später Pluto und Proserpina). Einmal gestorben, gelangte man für immer und ewig in ihr kaltes, dunkles Reich, das aus gutem Grund das „Reich der Schatten" genannt wurde. Ein Schatten lebt nicht, er vegetiert vor sich hin. Ein Schatten ist kraftlos. Ein Schatten ist ohne Individualität. Tot zu sein, bedeutete bei den alten Griechen und Römern, bis in alle Ewigkeit solch eine Schattenexistenz zu führen. Aus diesem Grund versuchten die Menschen der Antike, das Leben nach besten Möglichkeiten zu genießen.

Persephone, Demeters Tochter, wurde der Sage nach vom Totengott Hades entführt. Die Trauer der Mutter über diesen Verlust war für die Menschen ein tröstliches Zeichen dafür, dass Götter ähnlich fühlen wie sie selbst.

Mysterien und Einweihung als Alternative

Im Laufe der Zeit entstanden die Mysterienkulte. Sie gelangten über Kleinasien und Ägypten nach Europa. Diese Mysterien zeichneten sich gegenüber der traditionellen Götterverehrung durch ihre innige Kultfrömmigkeit aus, die Farbigkeit ihrer exotischen Riten und die Faszination des Geheimen. Und sie gaben den Eingeweihten eine völlig neue Individualität. „Einweihung", so versprachen sie, „lassen dich Mensch als Person den eigenen Tod überdauern. Alle anderen aber, die nicht eingeweiht wurden, die müssen auf ewig im Schlamm liegen und Wasser im Sieb tragen." „Die Uneingeweihten", so heißt es an anderer Stelle, „werden ausgefiltert. Und anschließend von den Türhüterdämonen vernichtet." (3)

Gotteserfahrung durch Ekstase

Über den konkreten Ablauf der Kulthandlungen weiß man nur das, was diejenigen ausgeplaudert haben, die im Nachhinein nicht schweigen wollten. Einweihung im

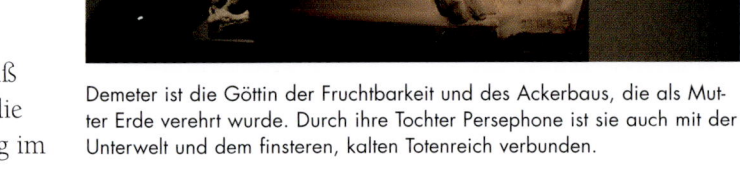

Demeter ist die Göttin der Fruchtbarkeit und des Ackerbaus, die als Mutter Erde verehrt wurde. Durch ihre Tochter Persephone ist sie auch mit der Unterwelt und dem finsteren, kalten Totenreich verbunden.

Der Eingang in die Unterwelt wird auch durch den Fluss Styx mit seinen Wassern des Grauens markiert. Die Überfahrt über den Styx erfolgt durch den Fährmann Charon, der die toten Seelen hinüber ins Jenseits bringt.

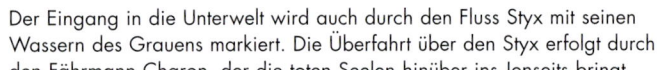

Sinne der Mysterienkulte muss ein besonderes, ja eindringliches Erlebnis für jeden Menschen gewesen sein. Es ist zu vermuten, dass dabei auch bestimmte Extasetechniken zur Anwendung kamen, die den Eingeweihten in bis dahin nie erfahrene psychische Zustände versetzten. Extase befähigte ihn zur übernatürlichen Wahrnehmung. Dabei trat er unter anderem seiner Göttin, Demeter, der Erdmutter, oder Kybele, die Mutter der Götter, beides Göttinen der Fruchtbarkeit, von Angesicht zu Angesicht gegenüber. Dieses Erlebnis wurde von den Eingeweihten als durchaus real empfunden.

Die Erdgöttin Demeter wurde folgendermaßen erfahren: Der Mensch sagte völlig ergriffen: „Ich bin Asche, Asche ist Erde, die Erde ist eine Göttin, also bin ich nicht tot." (3) Die Nähe der Göttin wurde in diesem Moment glückselig empfunden. Und der Eingeweihte stammelte: „Ich bin eingegangen in den Schoß der unterirdischen Göttin." (3) Aus diesem Schoß, so wusste er, würde neues Leben sprießen, denn Leben und Tod umfassten sich gegenseitig. Ohne das eine gab es das andere nicht. Jeder Eingeweihte, der das einmal erfahren hatte, war durch dieses Erlebnis von jeglicher Angst vor dem Tod befreit.

Kastration bei der Kybele-Einweihung

In den Kybele-Mysterien kastrierten sich sogar viele Männer vor lauter Glückseligkeit und schenkten der Allmutter ihre Hoden. Jeder Eingeweihte wusste sich fortan als einzigartig in einem Kreis von Gleichgesinnten bei orgiastischen Feiern mit schrillem Flötenspiel, Tamburinen, Kastagnetten und exstatischem Tanz. Die Überzeugung und die Gemeinschaft gaben den Eingeweihten Stärke und Gewissheit, dem Tod für immer entronnen zu sein.

Acheron, Styx und der Fährmann Charon

Auf jeden noch so großen König, auf jeden tapferen Helden, auf jeden großen Feldherrn wartete ohne Mysterieneinweihung eine unbedeutende Fortdauer im Totenreich der Unterwelt. Im griechischen Götterglauben wird der Eingang in die Unterwelt durch die Flüsse Acheron, in den ein Feuer- und ein Klagestrom münden, und Styx mit den Wassern des Grauens markiert. Die Überfahrt über diese Flüsse übernimmt der Fährmann Charon, er bringt die Toten auf seinem Schiff ins Jenseits. So wird es in der „Odyssee", dem berühmten Buch des Dichters Homer, beschrieben.

Am Ufer des Totenreichs bewacht der fünfzigköpfige Hund Cerberus das Tor, durch das die Toten endgültig schreiten müssen, um niemals mehr wiederzukehren. Wer den Fährmann für die Überfahrt nicht mit einer Münze belohnt, wird in die Wasser des Grauens gestoßen. Niemand kann dem Schattendasein entkommen. Allerdings findet im Hades keine Vergeltung statt. Niemand unterscheidet Gerechte und Sünder. Sie alle verbringen ihr zeitloses Dasein in einem modrigen, freudlosen, unbarmherzigen finsteren Raum.

Sisyphus wurde von den Göttern bestraft, weil sie ihn für zu hochmütig befanden. Seine Strafe bestand darin, auf ewig einen Felsbrocken einen Berg hinaufzurollen. Oben angelangt, stürzte er wieder den Hang hinunter.

Bluttaufe und Wiederauferstehung

Die Anhänger des Kybele-Kults hatten sich unter anderem einer Bluttaufe zu unterziehen. Bei diesem Einweihungsritual begaben sich die Mysten (Einzuweihenden) in ein mit Bohlen abgedecktes Erdloch. Über ihnen wurde ein Stier geschächtet (rituell geschlachtet), dessen herabfließendes Blut sie benetzte und das sie zugleich trinken mussten. Auf diese Weise sollten die Mysten Tod und Wiederauferstehung erfahren.

In diesem Sinn konnte das Christentum die Mysterienkulte einige Jahrhunderte später ablösen. Auch hier gab es einen Gott, der litt und trauerte. Er starb sogar für die Menschen und stand von den Toten auf. Dabei behielt der Verstorbene seine volle Individualität. Das war das vollkommen Neue im Vergleich zu den bisherigen Mysterienkulten.

Die elysischen Gefilde

Anderseits gibt es zur grausigen Unterweltvorstellung und zu den Mysterien eine Art von Gegenpol. Im vierten Buch von Homers „Odyssee" geleiten die Götter den im Sterben liegenden König Menelaos an den Rand der Welt, wo ihn ein angenehmes Leben erwartet. Dies sind die berühmten elysischen Gefilde, von denen der Dichter spricht: „Dort wandeln die Menschen leicht durchs Leben. Nicht Regen, nicht Schnee, nicht Winter von Dauer …". (4) Ein Paradies könnte man es nennen, ein fruchtbares Land unter einem ewig heiteren Himmel, gleich dem Land der Götter. Hier kann man nicht sterben. Den Tod gibt es nicht. Allerdings hat sich die Seele auch nicht vom Körper getrennt. Nur so kann der König Menelaos, erfahren wir durch Homer, weiterhin Gefühle haben und sich an den Dingen um ihn herum erfreuen. Während das Reich der Schatten alle Lebensenergie zerstört, existiert am Rande der Welt ein Land, wo man als Sterblicher ein ewiges Leben führen kann.

Ambrosia und Nektar als Nahrung der Ewigen

Diese traumhaften Gefilde sind ein wahrhaft besonderer Wohnort der Seligkeit mit der Garantie, niemals zu sterben. Selig ist dieser Ort auch deshalb zu nennen, weil die Menschen im Elysium sich wie die Götter ernähren dürfen. Ambrosia und Nektar sind die Speise und der Trank, die im Glauben der Griechen den Göttern Unsterblichkeit sichern. Elysium, die elysischen Gefilde, die Insel der Seligen sind Begriffe für ein Paradies jenseits des Todes. Man sollte es nicht mit dem Jenseits verwechseln. Allerdings bestimmen allein die Götter, wer sich hier aufhalten darf. Ohne ihren Willen gelangt kein Sterblicher dorthin.

Tartaros, der finstere Abgrund

Aber auch für scheinbar Unsterbliche gab es eine „Hölle", in die sie geworfen wurden und aus der sie niemals mehr entkamen. Zeus, der höchste Gott der Griechen, hatte einen Strafort in der dunkelsten Tiefe der Erde geschaffen, „der so tief unter der Erdoberfläche lag, wie sich der Himmel hoch über sie erhob". (3)

Zeus ist der mächtigste der griechischen Götter. Er thront auf dem Olymp und mischt sich gern in das Leben der Sterblichen ein. Vor allem junge Mädchen umgarnt er mit Vorliebe in verschiedenen Gestalten.

Dieser Ort wurde Tartaros oder auch Tartarus genannt. Tartaros war zugleich der tiefste Teil des Hades. Ein gewaltiger Feuerfluss umgab ihn wie einen Gürtel, zudem unendliche hohe stählerne Mauern. Von hier aus gab es kein Zurück mehr. Kein Sterblicher würde jemals wünschen, an diesen Ort zu gelangen. Als die Römer im vierten nachchristlichen Jahrhundert durch die Hunnen bedroht wurden, nannten sie diese Tartaren, weil sie annahmen, ihre Feinde wären direkt der Hölle entstiegen. Tartaros war mit Abstand der schrecklichste Ort, den man sich vorstellen konnte. Hierher hatte Zeus die Titanen verbannt, aber auch Tantalus und Sisyphus – all jene, die er für Frevler und üble Missetäter hielt. Wer hier sein ewiges Leben fristete, der konnte nicht mehr tiefer sinken, der war ein Nichts geworden. Gegen ihn lebten die Schatten des Hades fast wie in einem Freudenhaus.

Homer ist der Autor der „Illias" und der „Odyssee". Das erste Buch beschreibt den Kampf um Troja, das zweite die Irrfahrt des Helden Odysseus nach dem siegreichen Kampf nach Hause, zur Insel Ithaka.

Die verlassene Inka-Stadt Machu Pichu in Peru beeindruckt durch ihre gesamte Anlage. Straßen und Häuser zeigen, dass der Lebensstandard recht hoch gewesen sein muss. An die Unsterblichkeit der Seele glaubten auch die Inkas.

NATURVÖLKER

Der Glaube an die Seele

Praktisch alle Naturvölker haben den Glauben an eine Seele entwickelt, die nach dem körperlichen Tod fortexistiert. Die in Mittelamerika angesiedelten Maya glaubten, dass die Toten beim Übergang ins Totenreich einige Hürden passieren müssten: gefährliche Stromschnellen und tiefe Canyons. Ähnliche Vorstellungen wie das Überqueren von Flüssen entwickelten die Inkas in Peru. Die Frage nach dem Verbleib der Seele wurde dagegen von den verschiedenen Völkern unterschiedlich beantwortet.

Die drei Totenreiche der Azteken

Die Azteken, die bis zur spanischen Eroberung Mexiko besiedelten, gingen von drei unterschiedlichen Totenreichen aus: Kranke kamen unabhängig vom sozialen Status in eine bestimmte Region, *Mictlan* genannt, wo sie ihr Ende fanden. Das heißt, sie starben erst im Jenseits und waren für immer vernichtet. Opfer von Naturgewalten konnten dagegen im *Tlalocan* mit paradiesischen Zuständen rechnen. Der dritten Gruppe – Kriegsgefallenen und Frauen, die nach der Geburt eines Kindes ver-

storben waren – war es schließlich vorbehalten, ins „Haus der Sonne" einzuziehen, wie es die Azteken nannten. Tote konnten ein menschliches Aussehen haben, den Menschen aber auch als Vögel, Wolken oder Wind erscheinen.

Traumhafte Jagdgründe

Die Delaware-Indianer in den USA glauben, dass jene, die ein gutes Leben geführt haben, nach dem Tod ein ewiges Dasein in paradiesischer Umgebung führen dürfen. Sie erzählen, dass das Lebensland eine Insel von hinreißender Schönheit und großer Ausdehnung ist.

„Ein hoher Berg erhebt sich majestätisch im Zentrum, und auf dem Gipfel des Berges befindet sich die Wohnung des Großen Guten Geistes. Die edelsten Tiere weiden friedlich und in unzählbaren Scharen auf diesen lachenden, schönen, üppigen Ebenen.

Dort lebt die Seele unabsehbar lange in einem wahrhaft glücklichen Jagdgrund. Dort werden Kinder ihre Eltern wieder treffen und Eltern ihre Kinder. Es gibt keine Sonne dort, sondern ein helles Licht, das der Schöpfer leuchten lässt. Alle Menschen werden hier gleich ausschauen, und die Blinden und Krüppel werden vollkommen gut sein." (5)

Manchmal erhält man eine Ahnung von der möglichen Schönheit des Paradieses. Es gibt Gegenden auf der Welt, wo die Schönheit der Natur den Menschen geradezu überwältigt. Zugleich verbinden wir damit ewigen Frieden und Glück.

Die zwei Seelenhälften der Ewe

Die Ewe, ein im westafrikanischen Regenwald lebendes Volk aus vielen einzelnen Stämmen, kennt die Präexistenz (das vorgeburtliche Leben) der Seele in einer entsprechenden Seelenheimat, die mit der irdischen Welt identisch ist. Mit der Geburt eines Kindes findet gleichzeitig die Inkarnation (Fleischwerdung) eines verstorbenen Vorfahren statt. Die so erhaltene Seele besteht aus zwei Hälften: Der größere Teil – die so genannte Lebensseele – entstammt der Seelenheimat, also der Welt der Götter. Der andere, kleinere Teil – die Totenseele – hingegen wird der Unterwelt zugeordnet.

Die Lebensseele kehrt immer wieder in die göttliche Seelenheimat zurück, während für die Totenseele eine Reise zur Unterwelt beginnt. Hier trifft sie auf ihre Ahnen. Dieser Ort wird unter anderem als „Haus hinter dem Fluss" bezeichnet. Der Weg dorthin ist hart und anstrengend, sodass Vorkehrungen für die Kräfte zehrende Reise nötig sind. Das geschieht durch umfangreiche Grabbeigaben. Im Gegensatz zum Mythos und Glauben vieler anderer Völker und Religionen kann es in der jenseitigen Welt der Ewe durchaus zu Nahrungsmittelknappheit kommen. In solchen Fällen können sie Lebensmittel von den Lebenden einfordern. Die Nahrungsmittel werden von den Lebenden als Opfergaben auf dem Erdboden platziert.

DIE KELTEN

Keltischer Glaube kontra römisches Weltbild

Aus heutiger Sicht fällt es schwer, die Kelten zu verstehen. Das liegt vor allem daran, dass ihr Verständnis von der Welt so völlig verschieden gewesen ist zur heutigen Sicht der Dinge. Die Kelten scheinen ursprünglich aus der Gegend rund um das Kaspische Meer (Südrussland) zu stammen, bevor sie sich im 6. Jahrhundert v. Chr. in weiten Teilen Westeuropas ausbreiteten. Reste der keltische Sprache und Kultur haben sich bis heute vor allem in der Bretagne, in Wales und in Irland erhalten. Die Römer versuchten, die Kelten unter anderem deshalb zu vernichten, weil ihnen deren Denkweise unheimlich war. Keltischer Glaube passte nicht in das römische Weltbild, denn für einen Kelten war mit dem Tod nicht alles vorbei. Mit Entsetzen berichten deshalb römische Schriftsteller, dass sich mancher Kelte aus freien Stücken zu einem Verwandten auf den Scheiterhaufen warf, um dessen neues Leben im Jenseits zu teilen. Für einen Römer erschien ein solches Verhalten unfassbar.

Diesseits und Jenseits sind wie zwei Seiten einer Münze

Aber nicht nur Leben und Tod gehörten für einen Kelten zusammen wie zwei Seiten einer Münze, sondern einfach alle Gegensätze in der Welt: Gut und Böse ebenso wie Liebe und Hass oder Krieg und Frieden.

Diesseits und Jenseits waren für einen Kelten Ausdruck einer einzign Welt, die zugleich sichtbar und unsichtbar ist. Der Tod ist dabei Bestandteil eines ewigen Kreislaufs von Werden und Vergehen und muss nicht gefürchtet werden, weil die Seele unsterblich ist. Insofern konnte ein Kelte den Tod als Mitte eines langen Lebens begreifen, wobei hier „Mitte" als Durch- oder Übergang zu sehen ist.

Bei einer solchen Auffassung scheint das Leben endlos zu sein. Es hat keinen Anfang und kein wirkliches Ende – es ist fortwährend da.

Druiden sind Wissende

Die weiß gewandeten Druiden mit ihren langen Bärten waren die Weisen oder Priester der Kelten. Ihr Lieblingsbaum war die Eiche, von ihr schnitten sie laut Plinius dem Älteren (ca. 23–79) zu bestimmten Zeiten im Jahr

In Irland stießen christliche Missionare auf Kelten, die sie mit offenen Armen empfingen. Hier musste kein Christ sein Leben lassen. Das lag auch daran, dass die Kelten ihre Religion geschickt mit der christlichen vereinigten.

Die Mistel war den Druiden heilig, weil sie sich von ihr magische Kräfte erhofften. Sie durfte nur mit einer goldenen Sichel geschnitten werden. Die immergrüne Mistel war ihnen Symbol für ewiges Leben in der Natur.

Stonehenge ist das Zentrum für die Megalithkultur auf den britischen Inseln. Hier feierten die weiß gewandeten Druiden zu verschiedenen Jahreszeiten geheime Riten von Leben und Tod zwischen den mächtigen Steinquadern.

mit einer goldenen Sichel die immergrünen Misteln ab. In ihnen vermuteten sie magische Kräfte. Druiden kannten viele Heilkräuter und waren geschickte Wahrsager. Naturbeobachtungen machten sie zudem zu guten Astronomen und zu gewandten Mathematikern.

Das Leben, aber auch jeder einzelne Mensch ließ sich ihrem Glauben nach durch Sprache beeinflussen – durch Beschwörungen oder durch Flüche und Zaubersprüche. Schriftliche Überlieferungen existieren nicht, wenngleich man weiß, dass die meisten Druiden durchaus des Schreibens mächtig gewesen sind. Zudem unterrichteten sie ihre Schüler, die sich selbst erwählten, bevorzugt in Wäldern, weil sie davon überzeugt waren, dass man Wesentliches über das Leben von den Bäumen lernen konnte. Das gesamte Wissen wurde ausschließlich mündlich weitergegeben.

Anderswelt bedeutet Glückseligkeit

Zweifellos war die einzige traditionelle Lehre der Druiden, die für die Allgemeinheit der Menschen bestimmt war, die der Unsterblichkeit der Seele und ihr ewiges Leben in der Anderswelt. Die Anderswelt war das Jenseits und für die Kelten ein paradiesischer Ort, wo Nahrung in Überfluss vorhanden war. Aus irischen Texten, den keltischen Götter- und Heldensagen, die im frühen Mittelalter in den Klöstern auf den Inseln gesammelt wurden, lässt sich weiterhin folgern, dass die Unsterblichkeit der Seele und die Seelenwanderung verschiedenen Bereichen angehörten. Der normale Lauf der Seele war die Unsterblichkeit und das Eingehen in die Anderswelt, das Land höchster Glückseligkeit in der keltischen Vorstellung.

Übergänge ins unsichtbare Totenreich lassen sich vor allem an einsamen Seen finden, glaubten die Kelten. Besonders in der Nacht vom 31. Oktober auf den 1. November fielen die Grenzen zwischen Diesseits und Jenseits.

Seelenwanderung als Ausnahme von der Regel

Demnach wurde das Schicksal, in die Anderswelt zu gelangen, allen Menschen zuteil – zumindest fast allen. Im Gegensatz dazu bildete die Seelenwanderung die Ausnahme, sie war als Schicksal vereinzelten Sagengestalten vorbehalten. Allerdings nehmen manche modernen Keltenforscher an, dass unter bestimmten Voraussetzungen für einen normalen Menschen zumindest die Wiedergeburt als Tier möglich war. Wenige keltische Geschichten berichten von solchen Geschehnissen.

Übergänge ins Totenreich

Der Tod war für den Kelten also nichts Ungewöhnliches, nicht einmal ein besonderer Einschnitt in seinem Leben. Einmal im Jahr, zu Samhain – heute die Nacht des amerikanischen Halloween vom 31. Oktober auf den 1. November – fielen für den Kelten die unsichtbaren Grenzen zwischen Lebenden und Toten.

Die Anderswelt, das Land der Toten, ist im keltischen Glauben ohnehin kein Ort, der unter der Erde oder in den Wolken liegt. Tote sind den Lebenden im keltischen Glauben immer nahe und umgekehrt die Lebenden den Toten. Sie existieren sozusagen nebeneinander. Zu Samhain fällt nun der Schleier, der beide Welten visuell trennt, und die diesseitige und die Anderswelt begegnen sich ungehindert. Das darf man wörtlich verstehen, so als ob eine Wand verschwände, die bisher zwei Bereiche trennte.

> **Gedicht von *Brans* Seefahrt** (6)
> Weit von hier gibt es eine Insel;
> rund um sie funkelnde Seepferde.
> Hier kennt man weder Traurigkeit, noch Betrug;
> nur eine angenehme Melodie trifft das Ohr.
> Das ist ein Tag ewigen schönen Wetters,
> der Mann und die hübsche Frau hinter dem Busch,
> ohne Sünde, ohne Verbrechen.
> Seit Anbeginn der Zeiten sind wir,
> ohne Alter und ohne den Bruch des Friedhofs.

In den Geschichten und Aufzeichnungen der keltischen Kultur treffen sich Sterbliche und Unsterbliche, verlieben sich ineinander, oder Sterbliche werden in die Anderswelt entführt. Götter und Menschen haben so auf ganz „natürliche" Weise Umgang miteinander.

Das wunderschöne Bild vom keltischen Jenseits

Während die Verbindungstür zwischen Diesseits und Jenseits im keltischen Glauben für gewöhnliche Menschen nur an Samhain für alle offen steht, ist sie für Seher und Dichter stets einen Spalt breit offen. Bevorzugte Eingänge oder Übergänge in die Welt der Unsterblichen sind tiefe Höhlen, dunkle Waldseen, über die der Nebel hinweg zieht, und vor allem die Megalithhügel der Vorzeit. Die Lebenden, die auf diese Weise in die Anderswelt gelangen, erleben Erstaunliches:

Die Anderswelt gleicht der realen bis ins Detail. Auch hier gibt es eine Oberschicht, die sich in kostbare Gewänder kleidet und sich die Zeit mit Musik und Tanz, immer während Festen, mit köstlichen Speisen und Getränken vertreibt. Krankheit, Kummer, Tränen und Tod sind unbekannt.

Selbst das Klima ist gleich bleibend mild. Und obwohl in einigen altirischen Texten auch von Elfen, Ungeheuern, Spuk, schrecklichen Gespenstern und grausamen Hexen die Rede ist, die in dieser Welt des Friedens und der Harmonie zur gleichen Zeit für Unruhe sorgen, ist das für die Toten kein Grund, beunruhigt zu sein. Das Land der Verheißung, das Land der ewigen Jugend oder die Insel der Seligen, wie die Anderswelt auch genannt wird, ist in seiner Reinheit fast makellos. Und dennoch: Widersprüchlichkeit ist ein wichtiges Charakteristikum dieser keltischen Anderswelt.

Das Fest Halloween lässt sich auf das alte keltische Samhain zurückführen. In dieser letzten Nacht des Oktobers gelangen die Lebenden leicht zu den Toten und umgekehrt. Schaurige Kürbisköpfe sorgen für gruselige Stimmung.

Anderswelt, Tír na n-Óg, Insel der Seeligen

Für einen Kelten lag kein Widerspruch darin, dass die Anderswelt – zum Beispiel von den Kelten der Bretagne Tír na n-Óg (Insel der ewigen Jugend) genannt – sowohl jenseits des Sonnenuntergangs im Westen lag als auch dort, wo er gerade lebte. Für einen Kelten fand das gewöhnliche Leben nur in den Köpfen der Menschen statt und hatte mit der eigentlichen Realität nichts zu tun. Das Wesentliche war unsichtbar. Was man zu sehen meinte, war Illusion. Bran ist eine der Hauptgestalten der irischen Literatur. Seine abenteuerliche Seefahrt wird bereits im siebten nachchristlichen Jahrhundert schriftlich erwähnt.

Fazit der keltischen Vorstellung

Das Paradies der Kelten, wenn man es so nennen darf, ist in eigenartiger Weise mit dem des Islam verwandt – die Beschreibungen ähneln sich durchweg. Die Anderswelt wird von den Dichtern und Sehern mit kräftigen Farben gemalt – ein Land, in dem die Zeit und der Tod keinerlei Macht besitzen. Reiche Schätze lagern dort, und die Natur selbst sorgt für alle, ohne dass man sich darum kümmern müsste.

In den Vorstellungen vom Jenseits erkennt man immer auch, was den Lebenden gut und wichtig war. Die Nahrungsmittel gehen niemals zu Ende – anscheinend haben unsere Vorväter immer mit dem schweren Los von Hungersnöten und Missernten zu kämpfen gehabt. Im Jenseits sollte damit Schluss sein.

Der Kelte war vollkommen davon überzeugt, dass er diese Anderswelt einst in jedem Fall erreichen würde. Hier gab es keine Bestrafung für böse Taten, kein Gericht im christlichen Verständnis. Obwohl sich einige Monster ab und zu zeigten, war das kein Grund zur Beunruhigung.

Der berühmte silberne Kessel von Gundestrup zeigt, wie sich die Kelten das Überleben nach dem Tod vorstellten. Die gefallenen Krieger werden kopfüber von Gott Dagda in einen riesigen Kessel gesteckt und erwachen zum Leben.

Walküren waren ursprünglich Totendämonen, denen die auf dem Schlachtfeld getöteten Krieger zufielen. In späterer Zeit wurden sie selbst überirdische Kriegerinnen, die schicksalshaft in eine Schlacht eingreifen.

DIE GERMANEN

Der Strohtod, die Walküren und Gott Odin

Die Germanen kannten einen jenseitigen Ort, der speziell und ausschließlich für die Seelen gefallener Krieger bereit stand. Nur wer im Kampf sein Leben lassen musste, durfte ins Kriegerparadies Walhall oder auch Walhalla genannt, wo sein Mut und seine Treue belohnt wurden. Nichts anderes zählte, kein Sündenregister, kein Strafgericht. Wer dagegen den „Strohtod" starb, also daheim im Bett, der kam nach seinem Tod in die finstere, neblige Unterwelt Hel. Der „Strohtod" galt also als unwürdig. Die würdig gestorbenen germanischen Krieger (sog. *Einherjer*) wurden von den Walküren, den göttlichen Jungfrauen (germ. *Wala* = tot), nach Walhalla geholt. Walhalla ist eine prächtige Halle mit 540 Toren (durch die je 800 Einherjer nebeneinander einziehen konnten) in Burg Gladsheim des Gottes Odin. Sie liegt in Asgard im Reich der Asen (Göttergeschlecht der nordischen Mythologie). Das Dach der Halle soll aus Schilden, die auf Speeren als Sparren ruhen, bestehen. In diesem Palast wohnt Odin mit seiner Gemahlin Frigg.

Germanische Begräbnisriten

Starb ein Germane, so wurden seine Augen, Nasenlöcher und der Mund mit verschiedenen Materialien wie beispielsweise Lehm verschlossen. Mitunter bestand das Verbot, den Toten direkt durch die Haustür, über die Schwelle hinauszutragen. Dann musste er unter der Schwelle durchgezogen oder durch eine besondere, in der Wand angebrachte Öffnung fortgeschafft werden. Wer dem zuwiderhandelte, musste mit der fürchterlichen Rache des Toten rechnen – oftmals über Generationen hinweg.

Tote wurden verbrannt oder in einem Grab beigesetzt. Wie Grabfunde beweisen, wurde tapferen Kriegern und Königen neben den Waffen und dem Lieblingshund auch die Lieblingsfrau lebend in das Hügelgrab mitgegeben.

Das Tor des Grabes wurde verschlossen, die Frau hauchte ihren letzten Atem in den Armen des Verstorbenen aus: „Ich will, o Heerführer, in deinen Armen schlafen, wie ich es mit dem lebendigen Fürsten tat." (7)

Walhalla und nie versiegende Trinkhörner

Tagsüber messen sich in Walhalla die tapferen Krieger im Zweikampf oder jagen ein mythisches Wildschwein, das allabendlich wieder zum Leben erwacht. Abends sitzen sie in der großen Halle des Palastes und essen vom Fleisch des göttlichen Ebers, wobei ihnen die Walküren nie versiegenden Met in die Trinkhörner einschenken. Was die Verstorbenen ansonsten tun, ist nicht bekannt. Gott Odin sitzt der Tafel vor und erfreut sich mit den Recken daran, dass ewiger Kampf sowohl die Geschicke der Menschen wie der Götter bestimmt.

Keine Seele, nur Erinnerungen der Lebenden

Ein wichtiger Schlüssel zum Verständnis des germanischen Totenglaubens ist die Vorstellung, dass sich die Seele im Tod eben nicht vom Körper löst. Genauer gesagt, gibt es im Glauben der Germanen überhaupt keine Seele, wie sie beispielsweise das christliche Abendland kennt. Der Tote lebt in seinen Taten, seinen Kindern, seinem Ruhm weiter. Für die Germanen war wichtig, was der Tote zu Lebzeiten getan hatte. Er lebte ausschließlich in den Erinnerungen an ihn weiter. Deshalb sahen die Germanen im Grab auch nicht die letzte Ruhestätte des Verstorbenen. Die Verbindung Grab im Diesseits – Seele im Jenseits existierte nicht. Ein solches Den-

Odin oder Wotan ist der Hauptgott der germanischen Mythologie. Er begegnet in verschiedenen Gestalten: Dichtergott, Totengott, Kriegsgott, Gott der Magie, der Runen und der Ekstase. Odin erwartet die toten Helden in Walhall.

ken war ihnen absolut fremd. Wer gestorben war, der lebte körperlich weiter, allerdings unter anderen Bedingungen. Und das selbst dann, wenn der Körper verbrannt wurde. Der Leib als solcher blieb unzerstörbar.

Die größte Begräbnisstätte der Wikinger in Skandinavien weist über sechshundert Gräber auf. Sie bestatteten ihren Toten gern in Gräbern in Schiffsform. Die Todesgöttin Ran empfing ihre Seelen in ihrem feuchten Reich.

Die Feuerbestattung war auch den Germanen nicht unbekannt. Besonders Wiedergänger, so genannte Draugar, konnten nur durch Feuer vernichtet werden. Anschließend verstreute man ihre Asche im Fluss oder im Meer.

Draugar und lebende Tote

Nicht alle Toten ruhten im Grab. Einige kehrten als Wiedergänger (nicht zu verwechseln mit den Wiedergängern des slavischen Volksglaubens) oder treffender als lebende Toten (*draugar*) zurück und zeigten sich den Lebenden. Sie litten Hunger und Durst, fürchteten Kälte und Nässe. Das Aussehen der Draugar richtete sich nach der Art ihres Todes. Ein Ertrunkener sah durchnässt aus, ein Erschlagener trat blutig und mit Wunden auf, ein Gehängter trug die Male des Seils an seinem wunden Hals. Draugar wurden dadurch gebändigt, dass man ihre Gräber öffnete, den Leichnam herausnahm, den Kopf abschlug, ihn zum Gesäß des Körpers legte, den Toten verbrannte und die Asche im Meer oder im Fluss verstreute. Zwar terrorisierten sie ihre Umwelt und die Lebenden, aber sie waren auch eine wichtige Quelle der Weissagung, denn sie konnten zur Zukunft befragt werden. Die Toten wurden somit zu Mittlern zwischen den Welten und Zeitenläufen. Doch nur durch Magie konnte der Tote zu übernatürlichen Aussagen gezwungen werden. Freiwillig war er dazu nur in Ausnahmefällen bereit.

Gestaltwechsler

Die heutige Vorstellung von menschlicher Persönlichkeit kannten die Germanen nicht. Für sie gab es keine Spekulationen darüber, was ein Ich ausmacht bzw. was das eigene Ich von dem eines anderen unterscheidet.

Deshalb konnten sie auch annehmen, dass zwei Menschen dasselbe Leben haben. Ihre Sprichwörter verraten dies. Wenn am selben Tag Vater und Tochter starben, hieß es, sie hätten das Leben eines Menschen. Mehr noch: Odin kann seine Gestalt wechseln, ist mal Vogel, mal Fisch, während sein Körper wie tot daliegt.

Auch Loki, der germanische Gott des Feuers, tritt als Gestaltwechsler auf. Nach dem Glauben der Germanen verfügten ebenso manche Menschen über diese Gabe, wobei die Fähigkeit auch auf eine ganze Sippe übergehen konnte.

Der Glaube an Werwölfe, also der Glaube an Menschen, die sich nachts bei Vollmond in ein reißendes Tier verwandeln, rührt daher.

Ran – Herrscherin über die Ertrunkenen

Die Nordgermanen kannten eine Todesgöttin, die sich speziell der ertrunkenen Menschen annahm. Sie wurde Ran genannt und war laut eddischer Mythologie die Ehefrau des Meeresgottes Ägir.

Die Edda selbst bezeichnet eine Sammlung altnordischer Götter- und Heldensagen. Wer bei den Germanen im Meer ertrank, der fiel sprichwörtlich „der Göttin Ran in die Hände". Ihr Totenreich stellten sich die Menschen am Grunde des Meeres vor, wohin die Ertrunkenen gelangten. Ihrem Gemahl Ägir hat Ran neun Töchter geboren, die als Ägirstöchter üblicherweise mit den Meereswellen identifiziert werden.

Er selbst wird als gutmütiger und zugleich weiser Riese bezeichnet, während Ran die Ertrunkenen mit dem Netz auffischt, sodass sie nicht nach Hel oder Walhall kommen. Sie verkörpert für die Germanen den finsteren Aspekt des Meeres. Das Wort Ran leitet sich vermutlich von „rauben" ab.

Hel – Göttin der Unterwelt

Die Unterwelt in den Tiefen der Erde ist der Wohnsitz der Göttin Hel. Typisch für ihren Bereich sind die Hallen, in denen sie die Toten aufnimmt, die nicht als Recken nach Walhall gelangen.

Die goldene Brücke zur Unterwelt bewacht die Riesin Modgud. Über diese goldene Brücke ziehen die Verstorbenen vorbei an dem Höllenhund Gram, der sie zwar ungehindert gehen lässt, aber sie nie wieder zurückkehren lassen würde. Kein Sonnenlicht gelangt jemals in die Gemächer Hels. Die Wände der Hallen sind aus Schlangenleibern gebildet. Durch den Kamin rinnt giftiger Regen herein.

Der Drache Nidhögg nährt sich von den Leichen verstorbener Verbrecher. Hel wird in der Mythologie als halb schwarz, halb bleich sowie als düster und grimmig beschrieben. Von Hel leitet sich englisch „hell" und deutsch „Hölle" ab. Einige Forscher bezweifeln, dass es Hel in vorchristlicher Zeit wirklich als Vorstellung gegeben hat. Für sie wurde die germanische Unterwelt nicht durch eine Göttin personifiziert. Allerdings zeigt Ran, dass es solche Personifikationen durchaus in der nordischen Mythologie und im damaligen Glauben gegeben hat.

Grausames widerfuhr mitunter Erhängten. Nach ihrem Tod schlug man diesen noch die Gliedmaßen ab. Einem alten Aberglauben nach bestand die Gefahr, dass Verstorbene sich aus den Gräbern erheben könnten.

Jenseitsvorstellungen in den grossen Weltreligionen

JUDENTUM UND CHRISTENTUM

Jüdisches Scheol – Land ohne Wiederkehr

Das Christentum ist aus dem Judentum hervorgegangen, und auch die Juden glaubten damals an das Jenseits. Man nannte den öden, finsteren Ort unter der Erde, wohin sich die Verstorbenen begeben, Scheol. Scheol ist Hebräisch und bedeutet Jenseits, das „Unwahrnehmbare", der Begriff steht aber auch für Grab, Gruft oder Totenreich. Das Jenseits war ein Ort der Verwesung, eine Stätte der Finsternis, ein Land der Unordnung, wohin Arm und Reich, Herr und Sklave, König und Fürst, Groß und Klein nach ihrem Ableben kommen. Alle Toten sind kraftlose Schatten. Scheol, das ist ein Land ohne Wiederkehr, wie man aus den alten Texten erfährt: „Auf Moder bist du gebettet, und Würmer sind deine Decke." (8)

Nirgends jedoch erfahren wir etwas von einer Auferstehung der Toten. Allerdings wirkt Gott Jahwe im Hintergrund als Herr über Leben und Tod – zugleich als Herr über Scheol.

Im zweiten Buch der Könige wird der Prophet Elias „entrückt". Er begibt sich dabei auf eine Himmelfahrt. Diese Vorstellung im Alten Testament wird zur Grundlage des späteren Auferstehungsglaubens im Christentum. Das Judentum selbst hat bis heute keine Vorstellungen von einem Jenseits entwickelt, weil es auf die Ankunft des Messias in dieser Welt wartet. Danach wird Gottes Reich in dieser Welt dauerhaft da sein.

Der Glaube an die Ankunft des Messias ist bei den Juden seit Jahrtausenden ungebrochen. Mit ihm wird endgültig Gottes Herrschaft über die Welt anbrechen und Jerusalem ewige Stadt dieses himmlischen Reiches sein.

Auferstehung und Apokalyptik im Judentum

Nur langsam veränderte sich der jüdische Glaube hinsichtlich der Verstorbenen, die Gott nicht mehr preisen können und im Scheol ein Schattendasein führen. Aber Gott lässt nur die Gerechten auferstehen, wie in den Psalmen Salomons angedeutet wird. Die Gottlosen verharren im ewigen Todeszustand. Allerdings glaubten nicht alle Juden an die Auferstehung. Das Neue Testament und der römische Schriftsteller Flavius Josephus (um 70 n. Chr.) bezeugen, dass die Sadduzäer (römerfreundliche Gruppe des Judentums) nicht an die Auferstehung glaubten, die Pharisäer allerdings sehr wohl. Die jüdische Apokalyptik verändert die Vorstellung von einem ewigen Ort der Verdammnis für alle grundlegend. Sie entwickelt die Vorstellung, dass sich das Weltgeschehen nach Gottes Plan entfaltet. Im Zentrum von Gottes Plan steht allerdings das jüdische Volk.

Jesus von Nazareth und das himmlische Reich

Die Erwartungen, dass der Messias schon bald kommen würde, waren besonders zur Zeit Jesu sehr groß. Damals gab es eine Vielzahl von Propheten und selbst ernannten Messiassen, die in Jerusalem und andernorts predigten. Der Jude Jesus nennt sich selbst der von Gott Gesandte, der das Heil für die Menschen garantiert. Dabei kritisiert

Die Erwartungen, dass der Messias bald kommen würde, waren besonders zur Zeit Jesu sehr groß. Der Jude Jesus nannte sich selbst der von Gott Gesandte, der das Heil für die Menschen garantiert.

er offen das Fehlverhalten sowohl der Gläubigen als auch der Priester seiner Zeit. Was er lehrt, ist eine auf dem Fundament des Judentums stehende direkte und innige Beziehung zwischen Mensch und Gott. Seine Aussagen über das Reich Gottes, das Reich seines Vaters im Himmel, das sich mitten unter den Menschen befindet, sind in einem Punkt ganz eindeutig: Wer an Jesus und seine Botschaft glaubt, für den wird das himmlische Reich bereits im Diesseits Wirklichkeit. Göttliches und Menschliches verschmelzen in Jesus von Nazareth – er verrückt die Jenseitswelt, gerade weil er Tote auferweckt, und macht sie dadurch dem Diesseits gleich. Als religiöser Aufrührer und messianischer Prophet erhält er dafür auf Veranlassung seiner eigenen Landsleute die römische Todesstrafe seiner Zeit – die Kreuzigung.

Zentraler Punkt der christlichen Theologie ist die Auferstehung Jesu. Jesus ist für alle Menschen, die an ihn glauben, vom Tod neu erstanden. Diesseits und Jenseits sind hierdurch nicht mehr absolute Gegensätze.

Auferstehung von den Toten

Jesus wird also gekreuzigt und stirbt. Doch dann geschieht etwas Entscheidendes: Jesus bleibt nicht im Tod, sondern steht nach drei Tagen leibhaftig wieder auf. Er besitzt einen verklärten Leib (Leib des Auferstandenen, nicht von dieser Welt), sodass ihn die Erste am Grab – Maria Magdalena – zunächst nicht erkennt, ihn gar für den Gärtner hält. Aber wenig später steht für seine Anhänger fest, dass durch Jesu Auferstehung Himmel und Erde, Diesseits und Jenseits, Gott und Mensch auf eine neue umwälzende Weise zusammengefunden haben. Mehr noch: Die ersten Christen glaubten fest daran, dass dieser Auferstandene und später dann zum Himmel Aufgefahrene bereits nach kurzer Zeit wiederkehren würde. Diese Wiederkehr wird Parusie genannt, und bereits der Apostel Paulus sagte voraus, dass der Herr schon bald, noch zu seinen Lebzeiten, auf den Wolken des Himmels kommen und alle christlichen Gemeinden in sein anbrechendes himmlisches Reich führen würde. Diesseits und Jenseits wären fortan identisch, und Gott wäre mit seinen Geschöpfen in ewiger Glückseligkeit eins.

Parusie und Jüngstes Gericht

Die Parusie, also die Wiederkehr Christi, ist bis dato nicht erfolgt. Nachdem sie sich zu Lebzeiten des Apostels Paulus nicht ereignet hatte, sprach sich der Apokalyptiker und Evangelist Johannes für einen Zeitraum von eintausend Jahren aus. Bis dahin sollten die Toten in ihren Gräbern ruhen und die kommende Auferstehung freudig erwarten. Dies jedenfalls galt für alle Getauften. Die Auferstehung im Fleisch ist mit dem Jüngsten Gericht verbunden. Im Jüngsten Gericht übt Gott Vergeltung an den Sündern, die ihrer gerechten Strafe nicht entkommen werden.

Die Entstehung der Hölle

Die Vorstellung von Himmel und Hölle, wie die Christen sie heute kennen, hat es anfangs nicht in so ausgeprägter Form gegeben. Im Johannes-Evangelium finden wir den Hinweis auf eine „obere Welt", die die Heimat Gottes und seiner himmlischen Heerscharen, der Engel, ist.

Für die Sünder gibt es die ewige Pein in der heißen, finsteren Hölle. Die christlichen Vorstellungen von der Hölle sind teilweise denen der alten Griechen vom Hades und denen der Juden vom Scheol entlehnt.

Im Judentum existiert der Begriff *Gehinnom* oder auch *Gehenna*, wobei damit zum einen ganz real ein bestimmtes Tal bei Jerusalem, das Tal Hinnom gemeint ist, zum anderen aber auch ein Ort für die ewig Verdammten.

Diese Vorstellung deckt auch Scheol ab, wobei viele Übersetzer des Neuen Testaments die Begriffe *Scheol* und *Gehenna* mit dem griechischen Hades gleichgesetzt haben.

Wenn Jesus beispielsweise in Evangelium des Matthäus 11,23 sagt: „Und du, Kapernaum, wirst du bis zum Himmel erhoben werden? Du wirst bis in die Hölle [Hades] hinunter gestoßen werden. Denn wenn in Sodom die Taten geschehen wären, die in dir geschehen sind, es stünde noch heutigen Tages", dann will er damit nur ausdrücken, dass sie in der Ewigkeit verdammt sein werden, was der Gegensatz zum Himmel deutlich macht. Die Vorstellungen von Himmel und Hölle bzw. dem Jenseits waren anfangs eher vage und noch nicht so ausgeprägt, wie sie später im Mittelalter mit fast schon grausamer Lust formuliert wurden. Dies trug natürlich zum Bemühen des Menschen bei, sich bereits vor dem Tod von den Sünden, z. B. durch Spenden an die Kirche, zu befreien.

Warten auf Jesu Wiederkehr

Je länger die Parusie auf sich warten ließ, desto konkreter wurde die Vorstellung vom ewigen Leben. Das Paradies wird ein ewiger Ort, der die Freuden des irdischen Lebens bei weitem übertrifft.

Leider hat die Kirche es mit der Paradieserwartung im Mittelalter zu sehr übertrieben. Soziales Unrecht wurde häufig gut geheißen, weil es ja später im Paradies gerade für die Armen Vergeltung für erlittenes Unrecht geben würde. Gerade bei der ausufernden Vorstellung vom Paradies traf auch die Kritik des jungen Karl Marx als Sozialreformer zu Recht.

Das Paradies verkam zum Symbol der totalen Bedürfnisbefriedigung – ein ewiger Ort, an dem alle gleich reich, gleich jung und gleich zufrieden sind.

Es wurde ein wunderbares Instrument, um den völlig unbefriedigenden Verhältnissen auf Erden ihren Stachel zu nehmen.

Mögen die Obrigkeit, Kirche und Adel auch in Saus und Braus leben, gräme dich nicht armer Christ, im Paradies werden wir einst alle gleich sein.

Der Tod im Denken des christlichen Mittelalters

Sterben bedeutet im christlichen Glauben die Trennung von Leib und Seele. Die Trennung geschieht allerdings nur auf Zeit, denn am Ende aller Tage werden Leib und Seele wieder vereint. Gottes Gericht wird dann die Guten von den Bösen trennen und Lohn oder Strafe über alle Toten verhängen. Aus dem Jahre 1522 existiert eine Schilderung, in der der Tod als grausamer Sensenmann willkürlich agiert.

Der Tod als Sensen- und Knochenmann ist weder demütig noch gnädig. Gott scheint über ihn keinerlei Kontrolle zu haben. Der Tod, so wird berichtet, kennt weder Erbarmen noch Mitleid und macht keine Unterschiede. Er holt jeden, reißt ihn aus dem Leben fort an einen dunklen Ort ohne Licht und Sonne. Dabei hat sich seine Seele vom Leib getrennt – seltsamerweise erzählt der mittelalterliche Text nichts davon, was mit der Seele geschieht.

Der Tod ist das dunkle Grab, wohin der Mensch vom Sensenmann gebracht wird – kein Paradies, kein Fege- feuer, aber auch keine Hölle. Rettung für den Menschen besteht einzig in der Aussicht auf ein fernes Gericht nach einem christlichen, gottgefälligen Leben.

Das Dogma vom Fegefeuer

Dabei hatte knapp zweihundert Jahre früher Papst Benedikt XII. (1285–1342) ein Dogma formuliert, wonach die Seelen der Verstorbenen, die keiner Reinigung bedürfen, sofort und ohne letztes Gericht zu Gott gelangen. Andererseits werden die Bösen sofort in die ewige Hölle geworfen. Die zeitlich befristete Läuterung und Reinigung aller anderen Seelen im Purgatorium (lateinisch „Fegefeuer") und die dortige Vorbereitung auf den Himmel bleiben bestehen. Die Vorstellung von einem jüngsten Tag ist niemals ganz aus der Vorstellung der Kirche verschwunden. Martin Luther (1483–1546) selbst hoffte auf ein Ende der Welt, bei dem ein neuer, jenseitiger Mensch entsteht, dem alle irdischen Gebrechen fehlen und der, mit einem herrlichen Leib ausgestattet, unsterblich sein wird. Dann – so Martin Luther – wird Gott sein alles in allem.

Das Fegefeuer ist eine Vorstellung des Mittelalters. Papst Benedikt XII. hatte das Dogma formuliert, wonach die Seelen der Verstorbenen, die nicht allzu schwer gesündigt hatten, hierher zur Läuterung kommen sollten.

Dante: Hölle, Fegefeuer, Paradies

Der berühmte italienische Dichter Dante Alighieri (1265–1321) thematisiert das Jenseits in ganz besonderer Weise in seinem Hauptwerk „Die Göttliche Komödie." Im Buch schildert er seine Reise in Begleitung des Führers Vergil durch die Hölle, zum Läuterungsberg (Fegefeuer) bis hin zum Paradies. Die Hölle und das Paradies sind jeweils in Schichten (in konzentrische Kreise) unterteilt. Je näher man den tieferen Kreisen kommt, umso sündiger bzw. heiliger sind die gestorbenen Seelen.

Dabei trifft Dante all jene Menschen genauso wieder, wie sie schon im Diesseits waren. Ihr Charakter hat sich nicht geändert. Dante zeigt die Fülle des Weltlichen in der Welt der Toten. Diesseits und Jenseits gehören zusammen wie Tag und Nacht. Dantes totales Weltall, das Diesseits, Jenseits und die Gestirne auf ihren Bahnen umfasst, ist kugelförmig. An einem Punkt der Oberfläche ist der Zugang zur Hölle, genau entgegengesetzt zu diesem finden wir das Paradies. Das Ganze ist umwölbt von den neun Gestirnssphären, und darüber ruht ein zehnter Himmel, Wohnsitz Gottes und Ursprung aller Schöpferkraft. (9) Nichts und niemand kann der göttlichen Schöpferkraft entrinnen. Sie ist in Dantes jenseitiger Welt allgegenwärtig.

Eine geschichtete Welt

Jenseits und Diesseits werden sowohl horizontal als auch vertikal beschrieben. Die Toten hausen über- und untereinander an ihrem Ort und bleiben auf ewig mit der göttlichen Macht verbunden. Dante beschreibt die Hölle als Trichter mit neun Strafkreisen; sie ist das berühmte „Inferno Dantes", wie es der Maler Bartolomeo di Fruosino (1366–1441) um 1420 wunderbar grausig dargestellt hat. Im Reich der Toten drängen sich die Menschen auf engstem Raum. Im Fegefeuer müssen sich die Seelen von ihren Sünden unter Schmerzen läutern, während in den glitzernden Sternenpalästen des Paradieses die Geretteten und Seligen ewig in der Fülle des Lichts leben.

Der berühmte italienische Dichter Dante thematisiert das Jenseits in seinem Hauptwerk „Die Göttliche Komödie". In diesem Buch schildert er eine Reise durch die Hölle, durchs Fegefeuer hin zum himmlischen Paradies.

Der Tod wird seit dem Mittelalter gern als Sensenmann dargestellt, weil er die Menschen mitunter „dahinmäht" wie reifes Korn. Der Tod ist zugleich ein Knochenmann, der ewig lebt, ohne atmen, essen und trinken zu müssen.

Parusie wird die Wiederkehr Jesu am Ende der Zeiten genannt. Mit ihr ist auch das Jüngste Gericht verbunden, bei dem die Bösen gestraft und die Guten belohnt werden. Ewige Gemeinschaft mit Gott erwartet die Guten.

Endzeiterwartungen der heutigen Christen

Nach wie vor wird von den Kirchen – katholische, evangelische, anglikanische und orthodoxe – die Parusie, die endgültige Wiederkehr Jesu, erwartet, die er selbst angekündigt hatte. Diese bleibt jedoch seit mehr als zweitausend Jahren aus, und Gottes Reich in seiner ganzen Fülle ist noch nicht angebrochen, was für die Auslegung der christlichen Lehre nicht ganz einfach ist. Die christliche Endzeiterwartung beinhaltet nämlich zweierlei: die künftige Kirche und das Schicksal des Einzelnen im künftigen Jenseits, sprich dem Reich Gottes. Wie sich dieses Reich konkret gestaltet, bleibt in der Konzeption der Kirchen eher vage. Die Heilserwartung, das vollkommene Glück für alle, wird mittlerweile auch in irdischen Utopien mit sozialer Verheißung propagiert. Für Nichtgläubige stellt das eine Alternative zum Konzept der Kirchen dar. Für die Christen zeigt sich ewiges Leben in der heutigen Theologie nicht als Kontrast zum irdischen, sondern wird gelebt in enger Verbindung zwischen Heiland und Erlöser.

Ewige Gemeinschaft mit Gott am Ende der Zeit

Für die Kirche stellt sich der Himmel als ewige Gemeinschaft der Gläubigen mit Gott und den Heiligen dar, die keine irdische Problematik mehr kennt. Der Einzelne wird dabei all seine Begabungen entfalten und glücklich sein. Verabschiedet hat sich die Kirche von der Vorstellung vom Jenseits als Möglichkeit für ein Leben nach dem Tod. Ein Jenseits, wie es viele Naturvölker und alte Religionen beschreiben, existiert so nicht im theologischen Verständnis aller Kirchen. Was man vielmehr glaubt, ist Folgendes: Der Tote fällt in eine Art Seelenschlaf und verharrt in diesem, bis das Jüngste Gericht

Abendmahl); sie ist dem Sterbenden Schutz und Beistand bei der Auferstehung. Im Augenblick des Todes wird ein Lied angestimmt: „Kommt zu Hilfe, ihr Heiligen Gottes, eilt ihm entgegen, ihr Engel des Herrn, nehmt seine Seele auf und bringt sie vor das Angesicht des Allerhöchsten." (10) Danach wird der Tote unter Psalmengesang gewaschen, angekleidet und auf eine Bahre gebettet. Später wird der Verstorbene in einer Prozession zur Kirche geleitet. Auch hierbei wird gesungen: „Du befahlst, dass ich geboren wurde, Herr, du hast verheißen, dass ich auferstehen werde, auf deinen Befehl hin mögen die Heiligen kommen. Verlass mich nicht, denn du bist treu." (10)

Alles Leben ist vergänglich, und auf jeden warten Tod und Beerdigung. Für die Gläubigen ist die Hoffnung wichtig, dass Gott die Toten einst zu sich holen wird. Bis dahin verharrt der Verstorbene in einer Art Seelenschlaf.

Reinkarnationsglaube im christlichen Abendland

Zwei Drittel der Weltbevölkerung glauben an die Reinkarnation oder Wiedergeburt. Sogar im frühen Christentum war die Vorstellung von der „Wiederverkörperung im Fleisch" (Reinkarnation wörtlich übersetzt) verbreitet.

Allem Anschein nach wurde die Reinkarnationslehre jedoch unter den ersten Christen als geheime, den Laien nicht offenbarte Überlieferung behandelt und nur an Auserlesene weitergegeben. Origenes von Alexandrien (185–254), ein bedeutender Kirchenlehrer, erklärte, dass die Seele schon vor der Entstehung der materiellen Welt vorhanden war: „Wir sind gebunden, stets neue und stets bessere Lebensläufe zu führen, sei es auf Erden, sei es in anderen Welten. Unsere Hingabe an Gott, die uns von allem Übel reinigt, bedeutet das Ende unserer Wiedergeburt." (11) Der Sinn des Lebens bestand für Origenes darin, dass sich die Seele durch viele Inkarnationen läutert, damit sie wieder in die Gemeinschaft Gottes gelangen kann. Doch dieses Dogma des Kirchenlehrers wurde wieder verworfen, viele seiner Handschriften verbrannt, und durch Kaiser Konstantin wurde im 4. Jahrhundert jeder Hinweis auf Seelenwanderung endgültig aus der christlichen Lehre getilgt.

eingeläutet wird. Doch nach wie vor existiert das Fegefeuer als Chance, sich vor dem Jüngsten Gericht vom Bösen zu reinigen.

Die sakramentale Sterbebegleitung

Der Christ glaubt, dass der Schöpfer Leben gibt und auch beendet. Befindet sich ein Katholik an der Schwelle des Todes, empfängt er letztmalig die Eucharistie (das

Der Teufel ist ein gefallener Engel, der vom Himmel hinunter auf die Erde stürzte, weil er sich gegen Gott erhoben hatte. Mit ihm zusammen stürzten seine Mitstreiter in die Tiefe. Engel und Teufel bilden Gegensätze.

Beistand durch göttliche Boten

Engel, vom lateinischen Wort *angelus*, „der Bote", abgeleitet, kommen sowohl im Alten wie im Neuen Testament vor. Sie sind es, die Adam und Eva aus dem Paradies vertreiben, und sie sind diejenigen, die die Auferstehung Jesu am Grabe verkünden. Engel wurden von Gott als Geistwesen geschaffen, sind Repäsentanten des Himmels und dienen Gott als Mittler zu den Menschen. Ihr Wohnsitz sind die verschiedenen Ebenen des Himmels, von wo aus sie Gott zu den Menschen schickt, um ihnen seine Botschaften zu überbringen. Die von Gott abgefallenen Engel heißen Dämonen. Sie scharen sich um ihren Anführer Luzifer, der einstmals der schönste aller Engel war, jedoch verstoßen wurde, nachdem er sich gegen den Schöpfer aufgelehnt hatte.

Engel behüten, befreien und schützen den Menschen, vollziehen aber auch göttliche Strafgerichte, wenn Menschen ihre Willensfreiheit zu sehr missbrauchen.

Die Klassifizierung der Engelscharen

Seit dem 5. Jahrhundert werden die Engelschöre in drei Kategorien mit insgesamt neun Klassen eingeteilt, wobei die Seraphim, die Cherubim und die Throne an oberster Stelle stehen. I. Kategorie: Seraphim, Cherubim, Throne; II. Kategorie: Herrschaften, Mächte, Gewalten; III. Kategorie: Fürstentümer, Erzengel, Engel. Die wichtigsten Erzengel heißen Raphael, Uriel, Michael und Gabriel, die alle im christlichen und jüdischen Glauben vorkommen, Michael und Gabriel zusätzlich auch in der islamischen Religion. Engel dienen zwar Jesus mit ihren Gaben und Fähigkeiten, aber sie stehen auch den Menschen bei, wenn diese sterben oder sich in Gefahr begeben. Engel geleiten die Verstorbenen durch die Finsternis des Todes zu Gott. Diese Vorstellung findet sich bereits im Lazarus-Text im Neuen Testament, wo gesagt wird, dass Engel den Toten in Abrahams Schoß tragen. Lazarus ist jener Mann, der von Jesus ins Leben zurückgeholt wurde.

Der Erzengel Michael ist der berühmteste Engel der Christenheit. Nach ihm sind viele bedeutende Orte benannt wie der Mont St. Michel in Frankreich.

ISLAM

Mohammed, der Prophet Allahs

Schon die Anfänge des Islam werden von wundersamen Ereignissen begleitet. Die Berufung des Propheten Mohammed geschieht in der Höhle Hira nahe Mekka kurz vor Ramadan – doch ist seine Erwählung nicht ganz freiwillig. Mit mehr oder minder sanfter Gewalt wird er durch den Offenbarungsengel Gabriel von Allah zu seinem Auftrag bewegt. Gott „überfällt" seinen Gesandten in einer Vision wie der Anbruch der Morgenröte. Mohammed wurde der Koran vom Erzengel Gabriel verkündet, und dem Propheten wird auch das Totenbuch des Islam zugeschrieben. Kern dieser Religion ist, dass Allah nicht nur der höchste, sondern auch der einzige Gott ist. Der Mensch unterwirft sich diesem Gott mit all seinem Denken und Tun. Unterwerfung bedeutet allerdings auch Hoffnung, Vertrauen in das, was kommt. Demut soll die Haltung des Menschen sein und die Auf-

forderung, sich für Gott anzustrengen. Mohammed starb im Jahr 632 und hat eine Kraft des Glaubens begründet, die noch heute lebendig ist.

Jüngstes Gericht und Einbruch des Jenseitigen

Die Offenbarungen des Korans sprechen davon, dass es ähnlich wie im Christentum einen Gerichtstag Gottes am Ende aller Zeiten geben wird. Bis dahin halten sich die Seelen an einem nicht näher beschriebenen Ort auf, erhalten eventuell die Grabesstrafe durch Engel, d. h., das Grab wird für Sünder sehr eng gemacht. Das wirkliche Jenseits bricht erst am jüngsten Tag in unsere Welt ein und löst sie für immer auf. Die Meere erheben sich, die Sonne verdunkelt sich, die Sterne stürzen auf die Erde, und der Himmel verschwindet. Gott ist der Mittelpunkt dieses Gerichtstags, und nur Mohammed kann für die Sünder wirksame Fürsprache einlegen. Zu bestrafende Sünder müssen die Frucht eines Baums essen, die „wie flüssiges Metall ist und im Bauch wie heißes Wasser kocht." (7)

Das Bild zeigt Mohammeds Aufstieg in den Himmel. Hierbei ist das Antlitz des Propheten vom Maler nicht gemalt worden, weil der Islam verbietet, die Gesichtszüge Mohammeds darzustellen.

Eingehen in das Paradies

Im Gegensatz zu den Sündern werden alle anderen an diesem Tag „strahlende Gesichter haben, die auf ihren Herrn schauen".

Denn sie gehen ins Paradies ein, das sehr irdisch beschrieben wird. Der arabische Begriff für Paradies ist im Koran *janna*. Paradies bedeutet das Leben in einem Garten, der von Bächen durchflossen wird, wo Bäume Schatten spenden und sich die Bewohner auf Liegebetten mit Edelsteinen im angenehmen Licht räkeln und köstliche Speisen verzehren.

Huris, also Jungfrauen, die die Männer verwöhnen, werden an genau vier Stellen im Koran erwähnt und haben viele christliche Autoren zu ausschweifenden Vorstellungen verleitet.

Vermutlich eine falsche Vorstellung

Die Wissenschaft verweist schon seit langem darauf, dass diese Jenseitsvorstellungen höchstwahrscheinlich von der darstellenden Kunst inspiriert wurden. Es ist gut möglich, dass Mohammed christliche Miniaturen oder Mosaike vom Garten Eden gesehen und die Engelsgestalten als junge Männer und Frauen verstanden hat. Das würde im Grunde genommen auch eher zum Islam passen, weil schon die Bekleidungsvorschriften sehr strenge Regeln enthalten. Bescheidenheit und Reinheit gilt bei beiden Geschlechtern als oberstes Prinzip. Ebenso müssen Männer wie Frauen ihre Scham bedecken. Dass nun im Paradies dies alles entgegengesetzt sein soll, ist daher wenig wahrscheinlich. Es würde das züchtige Verhalten auf Erden geradezu konterkarieren, d. h. lächerlich machen.

Wie stellen sich Menschen das Paradies vor? Als wunderschöne Landschaft in friedlicher Natur? Hier herrscht niemals Krieg oder Streit, es gibt weder Krankheit noch Gebrechen. Hast und Eile sind ebenfalls unbekannt.

Das heilige Buch der Muslime ist der Koran. Er wurde Mohammed von einem Engel über einen längeren Zeitraum diktiert. Mohammed gab das Gehörte weiter. So wurde der Koran nach und nach schriftlich festgehalten.

Gigantische Waage und haarscharfe Sirat-Brücke

Wer nicht gesündigt hat, muss am Gerichtstag Gottes nichts befürchten. Alle anderen werden auf einer gigantischen Waage gewogen: Auf der einen Seite nimmt sie alle Sünden auf, auf der anderen Seite liegt ein winziges Papierstückchen, dem das islamische Glaubensbekenntnis aufgeprägt ist. Die schwerste Prüfung stellt jedoch der Weg über die Sirat-Brücke dar, die dünner als ein Haar und schärfer als ein Schwert ist. Wer hier seinen Weg vorzeitig beendet, stürzt ins Höllenfeuer hinab, wobei dem Menschen von den Höllengeistern eine glühende Kette in den Mund gesteckt und aus seinem Gesäß wieder herausgezogen wird. Diese und andere unangenehme Vorstellungen vom Anbruch des Jenseits stehen in islamischen Büchern wie beispielsweise dem Totenbuch beschrieben. Dagegen formulieren islamische Dichter und Mystiker wie Mohammad Eqbal: „Ewiges Leben ist wirkliches Leben, meint immer neue, sich vertiefende seelische Erfahrung, in den nicht auslotbaren Tiefen des Göttlichen." (13)

Falsche Versprechungen für Selbstmordattentäter

In einem Interview mit dem Hamas-Aktivisten Mohammed Abu Wardeh beschrieb dieser, wie er Terroristen für den Einsatz als Selbstmordattentäter in Israel anwarb: Er sagte ihnen, wie Gott die Märtyrer entschädigt, wenn sie ihr Leben für ihr Land opfern. Gott schenke jedem siebzig Paradiesjungfrauen, siebzig Ehefrauen und ewig währendes Glück.

Bewusst hat der Hamas-Sprecher das Wort „Märtyrer" (shahid) verwendet, denn Selbstmord ist im Islam untersagt. Allah bestraft jeden, der Hand an sich legt. Jedoch wird das Märtyrertum gepriesen, begrüßt und gefordert. Doch wie sehen nun die Belohnungen im islamischen Paradies aus? Der Koran wie die Überlieferungen beschreiben sie in allen lustvollen Details. In den Versen 12–39 der Sure 56 steht: „In den Gärten der Wonne, auf golddurchwirkten Sesseln liegen sie (behaglich) einander gegenüber, während ewig junge Knaben unter ihnen die Runde machen: mit Humpen und Kannen voll Wein ... und großäugige Huris haben sie zu ihrer Verfügung – in ihrer Schönheit wohlverwahrten Perlen zu vergleichen."

Das „Rad der Wiedergeburt" oder Samsara dreht sich unaufhörlich, solange Menschen wiedergeboren werden.

Hinduismus und Buddhismus

Vom Pretazustand der Seele

Als um die Mitte des zweiten Jahrtausends vor unserer Zeitrechnung indogermanische Nomaden in das Industal eindrangen, brachten sie die vedische Religion mit, die die spätere Grundlage des Hinduismus bildete. Ihr ältestes Dokument, der Rigveda, eine Sammlung von Hymnen, gibt allerdings nur spärlich Auskunft über die damalige Vorstellung vom Jenseits. Was wir wissen, ist rasch erzählt: Nach dem Verbrennen des Leichnams nimmt die Seele einen Zwischenzustand an, *preta* genannt. In dieser Zeit weilt sie als Geist auf Erden und wartet darauf, in die Welt der Ahnen zu gelangen. Beim Übertritt ins Totenreich sind gefährliche Gewässer zu durchqueren und die Hunde des Todesgottes Yama zu passieren. Im Ahnenreich erwarten die Ankömmlinge ewiges Leben, leibliche Wiederherstellung, feine Speisen und musikalische Unterhaltung in geselliger Runde.

Beschreibung aus dem Rigveda

Im Rigveda steht geschrieben: „Wo das ewige Licht ist, in welche Welt die Sonne gesetzt ist, in diese versetze mich, in die unsterbliche, unvergängliche Welt, wo jene jüngsten Gewässer sind, dort mache mich unsterblich! Wo die Wünsche und Neigungen erfüllt werden, wo der Höhepunkt der Sonne ist, wo die Geisterspeise und Sättigung ist, dort mache mich unsterblich!" (5)

Der Rigveda entstand etwa um 1200 v. Chr. und setzt sich aus zehn Büchern zusammen. Die insgesamt 1028 Hymnen sind an die verschiedenen Götter, wie z. B. Indra, den Schirmherrn der Krieger, gerichtet. Der Rigveda sagt, dass jenseitige Freuden nur für jene bestimmt sind, die ein gutes Leben geführt haben. Übeltäter werden in eine Höllenwelt geworfen, die sich durch tiefschwarze Dunkelheit auszeichnet – über eine eventuelle Bestrafung dort ist allerdings nichts bekannt.

Wiedergeburt/Reinkarnation

Erst später und mit zahlreichen Zwischenschritten hat sich der Gedanke der Reinkarnation durchgesetzt, der auch die Art des zukünftigen Lebens im ewigen Kreislauf des Karma-Samsara (gute und böse Taten wirken in das nachfolgende Leben hinein) festlegt: Das wiedergeborene Dasein wird durch das Wissen und die Werke des früheren Lebens bestimmt. Die Möglichkeit, aus diesem Zyklus erlöst zu werden, kommt nur für ganz Wenige infrage. Sie wird in der Bhagavadgita, einer der zentralen Schriften des Hinduismus, als das Eingehen in Vishnu, der gemeinsam mit Brahma und Shiva die höchste Götterschicht bildet, beschrieben. Die Nichterlösten aber halten sich vor einer erneuten Rückkehr ins Diesseits in

Zusammen mit Brahma und Shiva bildet Vishnu die Götterdreiheit im Hinduismus. Vishnu gilt als Erhalter der Welt und greift durch Inkarnationen in das Weltgeschehen ein. Seine bekannteste Verkörperung ist Gott Krishna.

einer Umgebung auf, die dem vergangenen Leben entspricht. Die Schlechten finden sich in Höllenpein wieder: „Der Verstorbene wird in seinem neuen Leib mit einem Strick um den Hals und in Ketten unter Schlägen mit Folterhämmern und Beschimpfungen auf den weiten, öden Weg ins Totenreich gezerrt. Auf glühendem Sand dörren ihn die Winde aus brennenden Wäldern, Hunger und Durst quälen ihn." (14)

Glücklichere Gefilde für die Guten

Als Kontrast zum Schicksal der Bösen, das auf der ganzen Welt als schrecklich beschrieben wird, klingt das Schicksal der Guten erfreulicher: „Im Süden des Nila-Berges und an der Nordflanke des Berges Meru liegen die glücklichen Gefilde der Uttarakurus, die von den Vollendeten bewohnt werden. Dort gibt es Bäume mit süßen Früchten, die ständig Blüten und Früchte tragen; der ganze Boden besteht aus Edelsteinen und feinem, goldenem Sand. Die Menschen sind frei von Krankheit, frei von Schmerz, stets frohen Sinnes." (14) Aber sowohl der gute wie der schlechte Zustand im Jenseits sind nur vorübergehend. Weil sich das Rad des Lebens für Götter wie Menschen gleichermaßen dreht, kommt es nach kurzem Verweilen zur Wiedergeburt.

Indra ist der höchste Gott der vedischen Schriften, Herr des Krieges, Gebieter über Donner und Sturm. Als Verteidiger des Guten kämpft er gegen die bösen Mächte.

Der Zeitpunkt des Todes

Über die Situation, mit der der Mensch zum Todeszeitpunkt konfrontiert wird, heißt es in der Bhagavadgita mit deutlichem Rat an die Lebenden: „In der Todesstunde, wenn der Mensch den Leib verlässt, muss im Scheiden sein Bewusstsein völlig in mir (Vishnu) aufgehen. Dann wird er mit mir vereinigt werden. Dessen sei gewiss. Mach es zum festen Brauch, das Sich-Versenken zu üben, und lasse dabei deinen Sinn nicht schweifen. Auf solche Weise wirst zum Herrn du eingehen, zu ihm, der Licht gibt und der Allerhöchste ist." (14)

Kleines und Großes Fahrzeug

Während die auf wenige Personen beschränkte Erlösungsmöglichkeit des ursprünglichen Buddhismus als Kleines Fahrzeug – *Hinayana* – bezeichnet wird, spricht man bei der erst um Christi Geburt entstandenen Form des Mahayana-Buddhismus vom Großen Fahrzeug – *Mahayana* –, da die Möglichkeit der Erlösung nun einer breiteren Masse offen steht.

Buddha – „der Erleuchtete" (um 560 v. Chr. – um 480 v. Chr.) – wurde als Prinz Siddharta Gautama im Hause des Fürsten Suddhodana in Lumbini im Grenzbereich zwischen Indien und Nepal geboren.

Diese Aussage ist deswegen interessant, weil sie die Versenkung oder Meditation, bei der man alle unnötigen Gedanken ausschaltet, zum Anker für ein Eingehen in die Gottheit macht.

Aber das ist nicht alles. Nach der ursprünglichen Lehre Buddhas findet die Befreiung aus dem Kreislauf der Wiedergeburten durch Selbsterlösung und Eingang in das Nirwana statt, ein Weg, der nur wenigen offen steht.

Damit verbunden war eine weit gehend abstrakte Vorstellung dessen, was jenen am Ende erwartet, der sich hierfür qualifiziert hat und daher die Bezeichnung Buddha trägt: „Nach der Aufgabe des Glücks, der Aufgabe des Leids und dem schon früheren Untergang von Wohlbehagen und Missbehagen erlangt der Mönch die vierte Versenkungsstufe: leidlose, glücklose völlige Reinheit des Gleichmuts und der Achtsamkeit, und verharrt darin." (14) Der Endzustand ist keineswegs mit einer Vernichtung des Seins gleichzusetzen – solche Ansichten wurden schon früh zurückgewiesen.

Das Glücksland der 3 600 000 Lichtstrahlen

Im Großen Fahrzeug des Mahayana-Buddhismus eröffnen sich jedem rechtgläubigen Menschen die Wege des Heils. Dabei soll jeder den anderen Lebewesen auf dem Weg der Erlösung behilflich sein.

Sukhavati, das „Glücksland", das den Menschen offen steht, wird in den schönsten Farben gemalt: „O Ananda, die Welt ist blühend, reich, schön darin zu leben. Und dann, o Ananda, gibt es in dieser Welt weder Höllen noch grausame Natur; von den goldenen Bäumen sind die Blüten, die Blätter, die kleinen Zweige, die Äste, die Stämme und die Wurzeln aus Gold und die Früchte aus Silber ... die Zweiglein aus Kristall, die Blätter aus Korallen, die Blüten aus roten Perlen und die Früchte aus Diamanten. Von jedem Edelsteinlotos gehen dreimillionensechshunderttausend Lichtstrahlen aus." (15)

Das dritte „Fahrzeug", um dem Kreislauf der Wiedergeburten und dem damit verbundenen Leid zu entkommen, wird *Tantrayana* genannt.

Die wohl bekannteste Sammlung tantrischer Texte ist das Bardo Thödol, besser bekannt als das Tibetanische Totenbuch.

Dass Buddha wirklich gelebt hat, kann nicht geleugnet werden, weil einige seiner Lebensdaten bestätigt werden konnten. Seine Mutter soll sieben Tage nach der Geburt ihres Sohnes verstorben sein.

Der Dalai-Lama ist das geistige Oberhaupt der Buddhisten in Tibet. Er musste sein Land verlassen, als das kommunistische China in den fünfziger Jahren des letzten Jahrhunderts Tibet besetzte und gegen die dortige Religion vorging.

Ein neuer Dalai-Lama wird gefunden, indem man einem Säugling oder Kleinkind Gegenstände seines Vorgängers zeigt, vermischt mit welchen, die ihm nicht gehörten. Er erinnert sich und greift nach den richtigen, heißt es.

Vom geheimen Wissen des Tibetanischen Totenbuchs

Während das Ägyptische Totenbuch vom Gericht der Götter über die Seele berichtet, die gewogen und meistens wegen ihrer Sünden für zu schwer befunden wird, beschreibt das Tibetanische Totenbuch (Bardo Thödol) ausführlich die Erlebnisse der Seele beim Sterben, im Nach-Tod-Zustand und bei der Wiedergeburt. Lassen sich die ägyptischen Götter mitunter noch überlisten, was die Höhe der Strafe im Jenseits angeht, so findet man im Tibetanischen Totenbuch die Seele angesichts der Gefahren und Vorkommnisse im Totenreich erbärmlich nackt vor und als Opfer ihrer eigenen Illusionen. Das Totenbuch der Tibeter ist eine grandiose Anleitung, die Phantome des Jenseits und ihre Wirkung auf den menschlichen Geist zu entlarven.

Rad der Wiedergeburt und Angst vor dem Tod

Zur buddhistischen Auffassung gehört neben dem Rad des Lebens auch das Rad der Wiedergeburt. Den Kreislauf von Werden und Vergehen zu durchbrechen, ist Ziel des Glaubens, wie das Tibetanische Totenbuch veranschaulicht. Woher kommt das Wissen um den Nach-Tod-Zustand?

Die Tibeter sind davon überzeugt, dass es einigen Menschen gelungen ist, sich an die Vorgänge nach dem Tod zu erinnern – dies diente als Textgrundlage für das Buch. Somit ist das zentrale Thema des Bardo Thödol die Angst des Menschen vor dem Sterben und seine Unfähigkeit, die Projektionen seines Unterbewusstseins zu erkennen – Projektionen, die im Nach-Tod-Zustand wirksam werden.

Das Totenbuch der Tibeter begleitet deshalb den Verstorbenen in Form von Belehrungen vom Augenblick seines Todes über den Zwischenzustand bis hin zur Wiedergeburt. Dieser Zeitraum umfasst neunundvierzig Tage, in denen ein Lama, d. h. Lehrer, oder ein guter Freund in der Nähe des Toten den Text laut vorliest: „O Edelgeborener, jetzt ist die Zeit gekommen, wo du den Pfad in die Wirklichkeit suchst. Dein Guru hat dich zuvor von Angesicht zu Angesicht gesetzt mit dem Klaren Licht, und du bist jetzt im Begriff, es in seiner Wirklichkeit im Bardo-Zustand zu erfahren, worin alle Dinge wie leere wolkenlose Himmel sind ..." (16)

Das Verhängnis des Toten

Meistens gelingt jedoch genau das dem Toten nicht. Würde er sich diesem Klaren Licht sofort zuwenden, wäre er erlöst.

Er hätte den Schleier der Maya, also das Bild dafür, dass wir die wirkliche Welt nicht sehen können, zerrissen und ginge sofort ins Nirwana ein, weil sich alle Visionen als Schatten seines unvollkommenen Bewusstseins entlarvt hätten. Doch die Regel ist, dass er sich durch das Auftauchen Schrecken erregender Gestalten beeindrucken lässt und ihn seine eigenen Qualen und Ängste vom Klaren Licht weg und hinein in die Finsternis führen. Genau dies ist verhängnisvoll für ihn.

Das Totenbuch der Tibeter begleitet den Verstorbenen in Form von Belehrungen vom Augenblick seines Todes an über den Zwischenzustand bis hin zur Wiedergeburt. Ein Lama liest am Totenbett daraus vor.

Der Lohn der guten Taten

Hätte er im Leben viele gute Taten begangen, wäre er jetzt einigermaßen gewappnet. Schlechte Taten hingegen schleudern ihn in die Hölle der Unwissenheit. Genau hier versucht der Lama, am Totenbett gegenzusteuern. Der Tote kann seine Familie durch Rufe nicht erreichen. Irritiert stellt er fest, dass er einen zweiten, feinstofflichen Körper besitzt, den nur er allein sehen kann und ihn von der Welt, wie er sie kannte, trennt. Verzweifelung macht sich in ihm breit, und der Lama versucht zu beruhigen: „Der Körper, den du jetzt hast, wird Gedankenkörper der Neigungen genannt. Nichts, was dich jetzt anscheinend bedroht, kann dir etwas anhaben. Du bist unfähig zu sterben. Es genügt, wenn du erkennst, dass alles, was du siehst, deine eigenen Gedankenformen sind. Erkenne dich als den Bardo." (16)

Aber der Tote wird zunehmend verzweifelter. Friedliche und zornige Gottheiten erscheinen ihm. Viele fangen an, ihn zu quälen, sodass er versucht wegzulaufen, was ihm aber nicht gelingt. Er lügt auf die Frage des Totengottes, ob er ein guter oder schlechter Mensch gewesen sei, woraufhin „die Furien des Totengottes seinen Kopf abschneiden, sein Herz herausnehmen, ebenso seine Eingeweide, sein Hirn auslecken, sein Blut trinken." (16)

Neutrales Karma und Loka

Es gibt allerdings auch Menschen mit einem neutralen Karma, in dem sich gute und schlechte Taten gegenseitig aufwiegen und die deshalb im Bardo einen farblosen Zustand erfahren. Allen Toten ist jedoch eines gleich: Zum Ende des Bardo nimmt der Seelenkörper die Farbe des Loka, d. h. des Körpers an, in dem er wiedergeboren wird. Dabei liegt es nicht in der Macht der Seele, ob er als Mensch oder als Tier auf die Erde zurückkehrt. Das bestimmt allein sein Karma. Sich als Tier dem Rad der Wiedergeburt zu entziehen, ist allerdings denkbar schwierig.

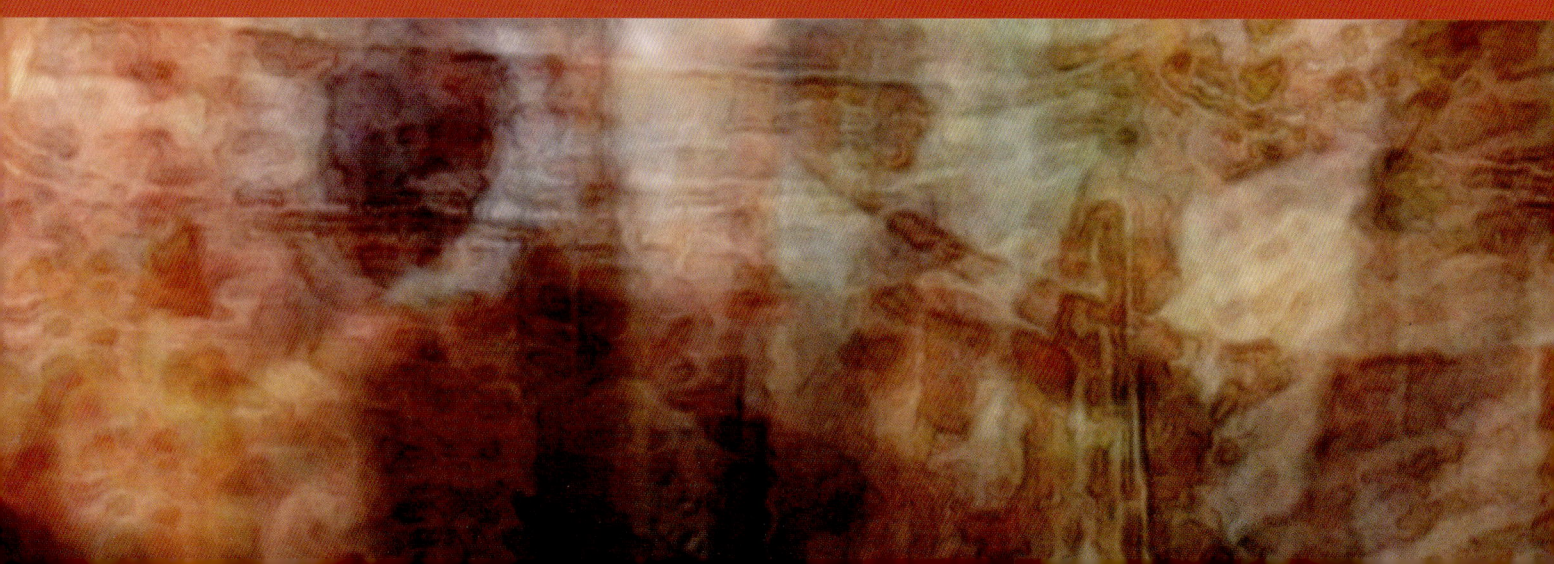

Abseits von Kirche und Einheitsglauben

EMANUEL SWEDENBORG

Leben und Werk eines Wissenschaftlers

Emanuel Swedenborg (1688–1772) arbeitete zunächst als Wissenschaftler in verschiedenen Breichen. Ihm sind wichtige Entdeckungen zuzuschreiben, die alle der Erforschung des Magnetismus und des Atoms dienten. Als Mediziner leistete er Vorarbeiten für die moderne Wissenschaft der Neurologie – speziell durch die schematische Darstellung von Hirnzellen, Großhirnrinde und Rückenmark. Zugleich machte er sich Gedanken über Tauchboote und Gleitflieger. Später gestand er einem Freund in einem Brief, dass seine fünfunddreißig Jahre während Tätigkeit als Naturwissenschaftler die ihm von Gott zugebilligte Vorbereitung für den Empfang der Geheimnisse des Lebens nach dem Tod gewesen sei.

Emanuel Swedenborg arbeitete zunächst als Wissenschaftler in verschiedenen Bereichen, bis er sich der Erforschung der jenseitigen Welt verschrieb. Angeregt durch eine Vision, sprach er davon, Kontakt zu den Toten zu besitzen.

Eine außergewöhnliche Vision

Swedenborg war siebenundfünfzig Jahre alt, als ihm etwas Ungewöhnliches zustieß. Im Jahre 1745 stellte der angesehene Akademiker von einem Tag auf den anderen seine

Anerkennung durch einen bedeutenden Philosophen

„Es lebt zu Stockholm ein gewisser Herr Swedenborg. Seine ganze Beschäftigung besteht darin, dass er, wie er selbst sagt, schon seit mehr als zwanzig Jahren mit Geistern und abgeschiedenen Seelen im genauesten Umgang steht, von ihnen Nachrichten aus der anderen Welt einholt und ihnen dagegen welche aus der gegenwärtigen erteilt." (17) Der das schreibt, ist kein Geringerer als der Philosoph Immanuel Kant (1724–1804), einer der größten Denker der Deutschen. Kant war Zeitgenosse des schwedischen Geistersehers, über den er sogar ein Buch geschrieben hat: „Träume eines Geistersehers" von 1766.

wissenschaftliche Tätigkeit ein. Plötzlich begann er, sich für Okkultismus zu interessieren, was seine Zeitgenossen einigermaßen erstaunte. Diesem Wandel war allerdings ein einschneidendes Erlebnis in London vorausgegangen. Mitten in der großen Stadt an der Themse hatte Swedenborg den Himmel weit offen gesehen, wie er später schrieb. Von diesem Tag an gestattete ihm Gott den freien Zugang zur jenseitigen Welt und ihren Bewohnern. Swedenborg besaß mit einem Mal die Gabe des Hellsehens und führte Gespräche mit Geistern und Engeln.

Beginn des modernen Okkultismus

Mit Emanuel Swedenborg setzt die Geschichte des modernen Okkultismus ein. Niemals zuvor hatte sich ein Geisterseher schriftlich über seine „Besuche" im Jenseits geäußert. Und was er seinen Zeitgenossen mitteilte, muss diese zutiefst erschüttert haben: „Die Seelen unserer Väter sind in keiner Weise besser dran als wir. Ihre Beschäftigungen sind oftmals unwürdiger als unsere eigenen … wir brauchen sie nicht zu verehren, weil sie tot sind. Die gleichen Probleme erheben sich, und der Mensch hat sie zu lösen. Jenseits des Grabes gibt es keine Ruhe …" (18) Niemand ist dort klüger geworden, weil er nun tot ist.

Swedenborg spricht auch von einem dem christlichen Fegefeuer ähnlichen Zustand, in dem sich Verstorbene läutern können. Die Reinkarnation (Wiedergeburt) hält er dagegen für baren Unsinn und stützt diese Aussage auf diverse Gespräche mit den Geistern. Interessant ist seine These, dass jeder Mensch nicht nur in der sichtbaren Welt, sondern auch zugleich in der unsichtbaren Welt zu Hause ist. Aus dieser schöpft er unbewusst, zieht er seine Ideen und Kreativität. Allerdings können sich auch Dämonen in uns breit machen, wenn wir das zulassen. Stimmungen und Neigungen dieser dämonischen Kräfte können den Menschen verändern. Nach Swedenborg nimmt die Seele des Menschen teil an Himmel und Hölle. Auch sein Tod ändert daran nichts Wesentliches.

Der Brand von Stockholm

Für gewaltiges Aufsehen sorgte Swedenborgs Vision des großen Brands von Stockholm im Jahr 1759, als er fünfhundert Kilometer entfernt von seiner Heimatstadt dieselbe in Flammen stehen „sah". Swedenborg beschrieb allen Umstehenden, was augenblicklich über eine so große Distanz vor sich ging.

Er sagte voraus, dass sein eigenes Haus zwar bedroht sei, aber nicht zu Schaden kommen würde, und erklärte genau, wann der Brand endlich gelöscht sei.

Diese Vision brachte für den Wissenschaftler erschreckende, besessenheitsartige Zustände mit sich. Diese beunruhigten den Mann sehr. Aber Swedenborg galt keineswegs als verrückt.

Wenn einem der Himmel offen steht, dann weiß man alles über Leben und Tod. Medien wie Swedenborg haben dies behauptet. Einen konkreten Beweis dafür gibt es jedoch nicht, darum bleibt alles weiterhin Spekulation.

Friederike Hauffe gilt bei vielen Forschern des Übernatürlichen als Vorläuferin des modernen Spiritismus. Hauffe war ein ungewöhnliches Medium. Belegt ist, dass sie Gegenstände ohne Hilfsmittel bewegen konnte.

FRIEDERIKE HAUFFE

Forschung am Phänomen des Übernatürlichen

„Es machte ein Kind vor ihr Seifenblasen. Sie sagte mit großer Verwunderung: Ach Gott, ich sehe alles Entfernte in diesen Seifenblasen, aber nicht klein, sondern so groß, als wie es lebt und ist." (19)

Nicht wenige Forscher des Übernatürlichen halten Friederike Hauffe (1801–1829) für eine Vorläuferin der spiritistischen Medien, mit der bereits Phänomene wie das Bewegen von Gegenständen ohne erkennbare Einwirkung in Zusammenhang gebracht werden. Wenn jemand wie Hauffe Visionen durch das Betrachten der

spiegelgleichen Oberfläche von Seifenblasen erhält, dann ist das vergleichbar mit dem Blick in Kristallkugeln der Wahrsagerinnen. Seifenblase und Kristallkugel besitzen eine schimmernde Oberfläche, die sich als Konzentrationshilfe eignet, um das eigene Ich abzuschalten, damit es frei wird für Wahrnehmungen aus anderen Sphären. Justinus Kerner, der Friederike Hauffe jahrelang genau beobachtet hat, schrieb ein Buch über sie und ihre ungewöhnlich große Gabe.

Friederike Hauffes außergewöhnliche Gabe zeigt allerdings auch, mit wie viel Leid solche Fähigkeiten verbunden sein können.

Depressionen in jungen Jahren

1801 wurde die Seherin im württembergischen Prevorst bei Heilbronn geboren, und bereits im Kindesalter nahm sie die Geister von Verstorbenen wahr. Trotzdem blieb

Visionen hat es zu allen Zeiten gegeben. Die Propheten des Alten Testaments sahen Gott und seine Herrlichkeit. Hauffe gab an, die Sprache der himmlischen Wesen zu kennen.

Wie viel Wert haben Aussagen von Medien? Sind sie Seifenblasen, die bei näherer Betrachtung zerplatzen? Friederike Hauffe sah in Seifenblasen weit entfernte Dinge, vergleichbar mit dem Blick in Kristallkugeln der Wahrsagerinnen. Einbildung oder Wahrheit?

Eine uns unbekannte Sprache

Vieles an Friederike Hauffe bleibt rätselhaft. Mitunter sprach sie nämlich in einer orientalisch klingenden Sprache: So bezeichnete sie einen Geist als Emelachan. Elschaddei gebrauchte sie für Gott, Schmado hieß der Mond, Alentana das Frauenzimmer, Dalmachan harrt noch der Deutung. Nochiane soll die Nachtigall gewesen sein. Das alles sagte sie in Trance, währenddessen man sie auch nach der Bedeutung fragen konnte. Bei klarem Bewusstsein wusste sie nichts mehr von alledem.

das Mädchen, wie Kerner feststellt, stets ausgeglichen und heiter. Mit neunzehn Jahren zog sie nach Oberstenfeld, einem Nachbarort. Als ihre Eltern sie verheiraten wollten, wurde sie für lange Zeit schwermütig und sprach kaum noch. Diese Depression wich erst wieder von ihr, als sie 1822 auf der Beerdigung eines Bekannten plötzlich ohnmächtig zusammenbrach.

Leidvoll im schwerelosen Zustand

Achtzehn Wochen lang lag sie im Bett, und als sie wieder gehen konnte, wurde sie tatsächlich verheiratet. Kurz darauf wurde sie schwanger, und ihre Leiden begannen erneut. Zweiundzwanzig Wochen blieb sie im fieberhaften Zustand – begleitet von heftigen Brustkrämpfen und Blutfluss.

Ihr Kind kam auf die Welt und starb nach wenigen Wochen. Friederike sah währenddessen eine Feuermasse um sich herum, sprach in Versen oder sah sich selbst am Bett stehen. Ihre Zähne fielen aus, Fieberanfälle und Durchfall wechselten sich ab, hinzu kam ein ständiges Menstruieren.

Kerner schreibt: „Sie war ein im Augenblicke des Sterbens, durch irgendeine Fixierung zwischen Leben und Tod zurückgehaltener Mensch." (19) Dann geschahen unheimliche Dinge. Gegenstände bewegten sich in ihrer Nähe, Löffel gingen ganz langsam durch die Luft, sie sah ihre verstorbene Großmutter und andere Tote, wobei sich Hauffe häufig über den Eigensinn der Verstorbenen beklagte, denen sie mit Gebet und Aufklärung helfen wollte. Drückte man seine Finger gegen die von Friederike, so erhob sie sich aus dem Bett, wie schwerelos.

Sie konnte den Tod von Menschen voraussagen, beschrieb die Toten im Jenseits und entwickelte eine merkwürdige Theorie über Seele, Geist und Zahlen. Man kann, so Hauffe, nach dem Tod in einer einzigen Zahl das ganze Leben überschauen.

Wie sie darauf kam, erklärte sie allerdings nicht. Kerner vermutet, dass es eine Botschaft „von drüben" war.

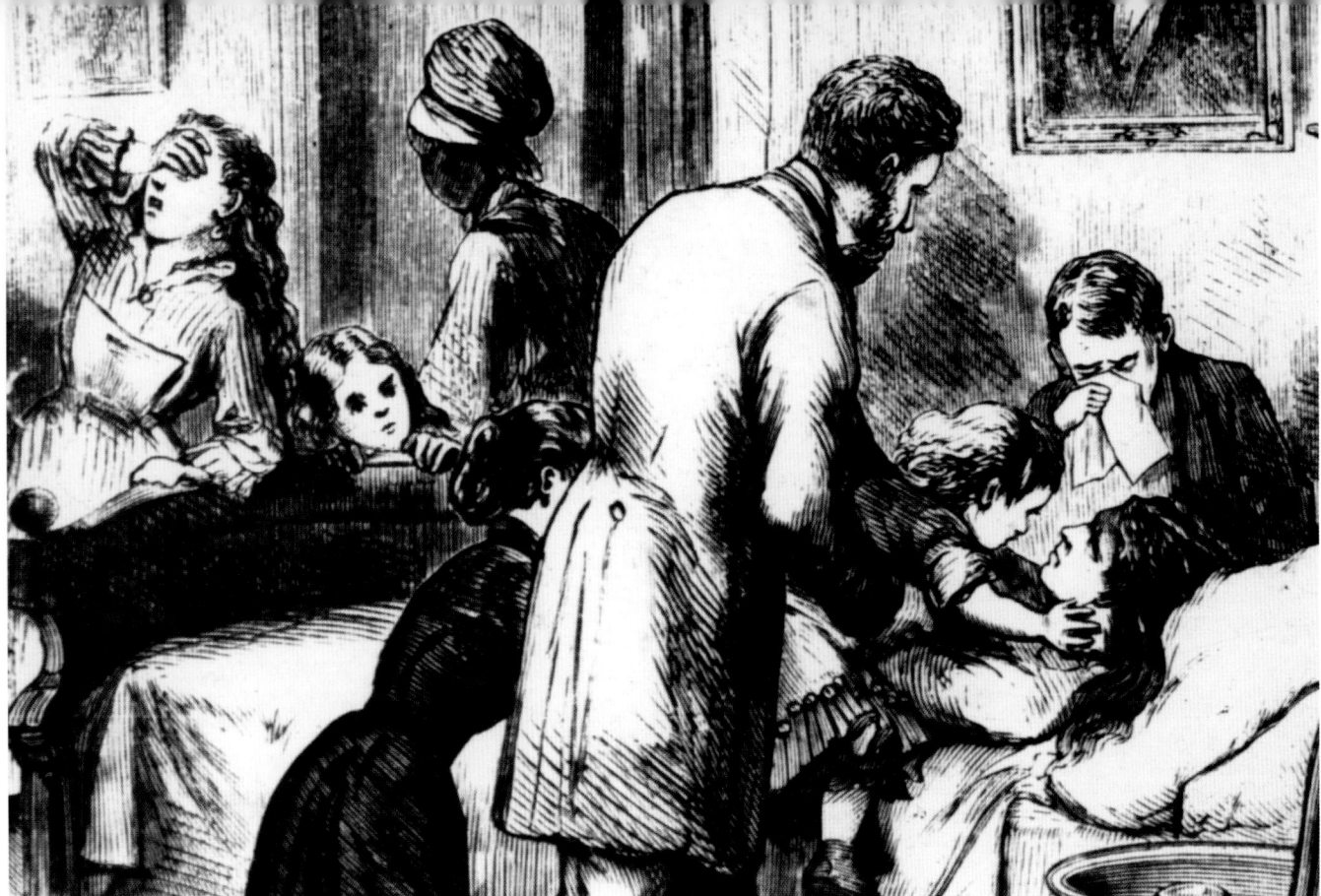

Friederike Hauffe verfiel zusehends. Schon bald stand fest, dass ihre Zeit
abgelaufen war. Geistererscheinungen häuften sich in den letzten Jahren
ihres kurzen Lebens. Justinus Kerner hat ihre Biografie geschrieben.

Ein kurzes, krankes Leben

Friederike verfiel zusehends. Schon bald stand fest, dass
ihre Zeit abgelaufen war. Geistererscheinungen häuften
sich in den letzten Jahren ihres Lebens.

Tiere leben ihrer Meinung nach in einem Traumkreis.
Unmittelbar dahinter befindet sich das Jenseits, von
Hauffe auch Mittelreich genannt. Niemand nach ihr
sprach jemals wieder in einer solchen Art und Weise
vom Jenseits. Am 7. August 1829 trennte sich ihre Seele
vom Körper – angeblich mit einem Freudenschrei.
Danach begann Justinus Kerner das Wenige, was sie an
geistigen Dingen hinterlassen hatte, zu ordnen und in
einem Buch herauszugeben.

Die richtige Zahl drückt das ganze Wesen aus

Friederike Hauffe behauptete, dass jedem Menschen eine
Wurzelzahl gegeben sei, die sein ganzes Wesen ausdrü-
cke. Mehr noch: Das ganze Universum überhaupt glei-
che einem Zahlensystem, und ihre Überlegungen muten
sehr geheimwissenschaftlich an. Dabei war die junge
Frau überhaupt nicht gebildet.

Jedes Ding im Universum hätte einen bestimmten
Zahlenwert mit Stellen nach dem Komma. Wie wichtig
die dem Menschen unbekannte Wurzelzahl ist, erfahren
wir auch: „Wem diese Zahl durch gar nichts gestört
wird, der erreicht das höchste Alter." (19) Daneben wird
der Mensch tagtäglich unbewusst bewertet – durch Zahlen. Von wem die Menschen bewertet werden, sagte sie
nicht. Die Zahlen steigen gegen die eigene Wurzelzahl an
und nehmen wieder ab. Motor dafür sind gute und
schlechte Taten, aber auch Einflüsse von außen. Ein
Mensch muss sterben, wenn die persönliche Wurzelzahl
durch äußere Einflüsse und böse Taten zu lange über-
troffen wird.

Am besten ist es, so die Seherin, wenn gute und
schlechte Taten, in Zahlen ausgedrückt, immer unterhalb
der eigenen Wurzelzahl liegen. Nach dem Tod liegt einem
dann aufgrund der Differenz zwischen erreichter Zahl
und Wurzelzahl das eigene Leben klar vor Augen, und
der eigene Geist wird zum Richter des Menschen.

EUGENIE VON DER LEYEN

Die Prinzessin und die armen Seelen

Nach Anschauung der katholischen Kirche sind die „armen Seelen" jene Verstorbenen, die nach ihrem Tod für einige Zeit an einen Ort der Reinigung von ihren Sünden, also ins Fegefeuer kommen. Damit ist mehr ein Zustand als ein räumlich bestimmbarer Ort gemeint. Bessert sich der Zustand der Seele so sehr, dass sie erlöst wird, kommt sie in den Himmel. Nach katholischer Lehre „wohnt" sie dann bei Gott. Dieser Prozess der Läuterung der armen Seelen bleibt den Augen der Lebenden normalerweise verschlossen.

Die nach allem, was wir wissen, im Vollbesitz ihrer geistigen Fähigkeiten stehende Prinzessin Eugenie von der Leyen (1867–1929) führte auf Anraten ihres Beichtvaters Sebastian Wieser von 1921 bis 1929 ein Tagebuch der besonderen Art.

Sie beschrieb darin ihren fast täglichen Umgang mit armen Seelen, die im Feuer der Läuterung als Geistwesen die schrecklichsten Gestalten annehmen mussten. Damit fungierte Eugenie von der Leyen als eine Art Medium.

Es könnte auch der Teufel sein

Durch das häufig schreckliche Aussehen der Seelen, die die Prinzessin besuchten, kam die Schwere ihrer Sünden zum Ausdruck. Eugenie notiert in ihrem Tagebuch: „24. April. Seit drei Tagen kommt ein Tier in der Nacht zu mir, was nicht sehr gemütlich ist, ein Zwischending von kleinem Büffel oder Widder, ganz schwarz. Es sprang auf mein Bett, bin sehr erschrocken, es hat ein menschliches Gesicht, aber ganz schwarz, schaurig, es könnte auch der Teufel sein. Weihwasser half, dass es bald ging." (20) Eine Nonne erschien ihr als Schlange und setzte ihr arg zu. Als ihr Zustand menschlich geworden war, kam es zu interessanten Gesprächen. Die bestienförmigen Seelen, wie sie schreibt, verlangten von der Prinzessin, dass sie ihnen unbedingt helfe.

Einen Blick in die Welt der armen Seelen im Fegefeuer will die Prinzessin von der Leyen getan haben. Sie schreibt, wie die leidenden Seelen zu ihr kamen und von ihr schmerzvoll Hilfe einforderten.

Was ist ein Medium?

Medium, lateinisch „Zwischenglied", ist die Bezeichnung für eine Person, die über die Fähigkeit der außersinnlichen Wahrnehmung verfügt und Kontakte ins Jenseits herstellen kann. Dies geschieht seit Jahrhunderten in Séancen, den spiritistischen Sitzungen, wobei sich das Medium in Trance begibt, also einen Zustand erreicht, in dem es sich für Geister und außersinnliche Botschaften wie ein leeres „Gefäß" verhält, das von diesen „gefüllt" wird.

Der neuzeitliche Spiritismus begann 1847 bei einem Spukfall im amerikanischen Hydeswill. Dort erfand ein Mr. Post ein Klopf-ABC, um sich mit einem Verstorbenen zu verständigen, der sich durch Geräusche gemeldet hatte. Mr. Post fand heraus, dass der Mann ermordet worden war und wo seine Leiche versteckt lag.

Dabei erwarteten sie deren ganze Hingabe, um wenigstens menschliche Gestalt annehmen zu können. Eugenie von der Leyen verhielt sich christlich vorbildlich und gab sich stets hilfsbereit. Dabei würgten, schlugen, beschimpften oder ängstigten die Toten die arme Frau oftmals so sehr, dass sie meinte, es nicht länger aushalten zu können.

Ein besonders unangenehmer Toter

Einer von ihnen nannte sich auch der „Affe" und starrte sie jede Nacht mit glühenden Augen so lange an, bis dieser „Unreine" durch Eugenies inbrünstige Bittgebete die Sprache wieder erlangte. Auf ihre Frage, warum er sie trotz ihrer Hilfsbereitschaft geschlagen habe, antwortete der Verstorbene, sie quälen zu wollen, da in seinem

Zustand nur Böses sei. Eugenie versichert, dass sie noch nie so etwas Ekliges gesehen habe. Sein Körper sei die Höhle von tausend lebenden Würmern gewesen. Die Prinzessin betete und fastete für die armen Seelen. Für einen gläubigen Katholiken stellt diese Frau jenen Typus dar, der durch Gebet und Opfer den armen Seelen im Fegefeuer zu Hilfe kommt – ein Werk der geistigen Barmherzigkeit.

Eine selbstlose, freundliche Frau

Eugenie von der Leyen war eine von der Statur her etwas stabilere Frau mit einem fleischigen rosigen Gesicht. Typisch war ihre Haartracht – sie trug das braune lange Haar ringsum gleichmäßig aufgerollt wie zu einem

Die Prinzessin schreibt von einem Geist, den sie „Affe" nennt. Dieser starrte Sie jede Nacht mit glühenden Augen an. Erst durch inbrünstige Gebete der Frau wurde der Tote wieder rein und erlangte seine Sprache wieder.

Kranz. Alle Leute, die die Prinzessin erlebt hatten, bezeichneten sie als eine aufopferungsvolle, stets freundliche und selbstlose Frau. Niemand hielt sie für wahnsinnig, was sie vermutlich auch nicht gewesen ist. Ihre Erfahrungen sind völlig subjektiv und liegen außerhalb unseres Beurteilungsvermögens. Mitunter erlebte Eugenie noch andere Besonderheiten.

So sah sie einen verstorbenen Pfarrer, den sie gut kannte, in seiner Kirche in dem Moment, als der Küster durch diesen hindurchlief. Sie beschreibt, beide hätten wie kariert ausgesehen. Ihre zahlreichen Gespräche mit den Geistern wurden von ihr Wort für Wort aus dem Gedächtnis wiedergegeben.

Eugenie von der Leyen stellte ihnen viele Fragen, die ihren konfessionellen Hintergrund widerspiegeln. In der fast nüchternen Art und Weise, wie sie die verschiedenen Begegnungen in ihrem Tagebuch festgehalten hat, wird das Erlebte für den Leser glaubhaft nachvollziehbar.

Zahlen bestimmen unser Leben. Unser Geburtsdatum ist uns bekannt. Die meisten wüssten allerdings nicht so gerne ihr Sterbedatum. „Dreimal Neun" erfuhr Eugenie von der Leyen und war nicht klüger als vorher.

Das Gesicht des Teufels erschreckt, weil er das Böse verkörpert. Dabei ist Luzifer ein gefallener Engel. Sein Name bedeutet „Lichtträger", während Beelzebub übersetzt der „Herr der Fliegen" ist.

Eine Prophezeiung aus dem Jenseits

Als Beweis für die Echtheit ihrer Aussagen gilt folgende Geschichte. Einen befreundeten verstorbenen Dominikanerpater fragte sie an Allerseelen 1925 nach dem Datum ihres eigenen Todes. Der Dominikanerpater soll geantwortet haben: „Dreimal Neun", und sie verstand nicht, was er meinte. Er erwiderte daraufhin, dass sie dies auch nicht solle. Prinzessin Eugenie von der Leyen verstarb am 9. Januar 1929 auf Schloss Unterdießen südlich von Landsberg, wo sie die letzten vier Jahre ihres Lebens verbracht hatte. Das Datum enthält dreimal die Ziffer 9. Man muss erwähnen, dass sie selbst geglaubt hatte, an einem 9. August zu sterben.

Seth ist ursprünglich der Mörder des ägyptischen Gottes Osiris. Bei Jane Roberts wird Seth zum weisen Geistwesen aus dem Jenseits. Er selbst nennt sich einen nicht mehr in physischer Form zentrierten Energiepersönlichkeitskern.

Jane Roberts war ein ungewöhnliches Medium, das erst 1963 mit einem geheimnisvollen Wesen namens Seth in Kontakt kam. In zahlreichen Séancen hat ihr Seth Dinge mitgeteilt, die ihr Verständnis von Leben und Tod erweiterten.

JANE ROBERTS

Channeling-Medium durch einen Zufall

Jane Roberts war mit Abstand das bemerkenswerteste Channeling-Medium des letzten Jahrhunderts, d. h., sie war ein Medium, das als Kanal zur Kommunikation von Geistwesen mit den Lebenden diente.

Als sie 1984 im Alter von nur fünfundfünfzig Jahren in New York starb, hinterließ sie eine große Fülle von Material und Aufzeichnungen, die ihr allesamt von einem jenseitigen Wesen namens Seth in Trance diktiert worden waren.

Bevor sie ihre besondere Gabe entdeckte, hatte Jane Roberts Gedichte und Erzählungen geschrieben, nachdem sie das Skidmore College in Saratoga Springs, New York, mit Erfolg absolviert hatte. Bis zu diesem Zeitpunkt waren ihr keinerlei ungewöhnliche Erfahrungen mit außersinnlichen Wahrnehmungen widerfahren, und sie war auch nicht besonders interessiert an derartigen Dingen.

Im Jahr 1963 geschah jedoch etwas Neues mit ihr. Jane Roberts war Mitte Dreißig, als sie zusammen mit ihrem Ehemann aus Neugierde am Ouija-Brett experimentierte.

Wer ist Seth – und was weiß er Exklusives?

Für Jane Roberts wurde Seth zur Quelle geheimen Wissens. Er selbst bezeichnete sich als Energiepersönlichkeitskern, der nicht mehr in der physischen Form zentriert ist. Für Seth ist die Seele des Menschen dessen wahres Selbst – zum einen hoch individualisierte geistige Energie, zum anderen ein multidimensionales Selbst.

Seele und Bewusstsein existieren unabhängig vom Körper, von Zeit und Raum, weshalb sie durch Träume und intuitive Einsichten zu einem größeren Verständnis des Kosmos und ihrer selbst gelangen können. Generell muss der Mensch laut Seth seine innere Wahrnehmung wecken, um richtig sehen zu können. Seths Botschaften an Jane Roberts beziehen sich auf solche Themen wie Sterben, Leben nach dem Tod, Reinkarnation, Gott, Jesus Christus und Kosmos.

Durchweg werden dabei neue, interessante Aspekte mitgeteilt. Bemerkenswert ist auch seine Aussage zum Unterschied von Mensch und Tier: „Ihr seid von den

Channeling

Bei Jane Roberts meldete sich ein Geistwesen mit überragendem Wissen: Seth. Bis zu ihrem Tod erhielt die medial begabte Schriftstellerin seine Botschaften, die sie in mehreren Büchern veröffentlichte: „Das Seth-Material", „Gespräche mit Seth" oder „Individuum und Massenpsyche", um nur einige zu nennen. Das alles läuft unter dem Begriff „Channeling", wobei, anders als die im Spiritismus kontaktierten Toten, hier wahrhaft Wissende Personifikationen umfassender Bewusstheiten sind. Die Theosophen würden von Wesenheiten auf der letzten, der höchsten Sphäre unmittelbar vor Gott sprechen.

Tieren und dem Rest der Schöpfung nicht vermöge eures Besitzes eines ewigen inneren Bewusstseins geschieden. Ein solches Bewusstsein ist in allen lebenden Wesen vorhanden und in allen Seinsformen." (21)

Das Ouija-Brett

Ein Ouija-Brett stellt für medial begabte Menschen eine Erweiterung des automatischen Schreibens dar. Beim automatischen Schreiben soll der eigene Wille jeglicher Kontrolle enthoben sein, sodass fremde Wesenheiten Einfluss gewinnen können und Botschaften übermitteln.

Auf dem Ouija-Brett werden Buchstaben hin- und her geschoben, aus ihnen bilden sich bestimmte Wörter. Allerdings unterliegt nach Aussage der Medien das Experimentieren mit den Buchstaben nicht mehr der Kontrolle des eigenen Willens, sondern geschieht in einem tranceähnlichen Zustand.

Die dabei zustande gekommenen Ergebnisse werden unterschiedlich beurteilt: Der Spiritismus sieht die Ursachen in Geistwesen, die die Bewegungen des Mediums lenken; die moderne Tiefenpsychologie und die Parapsychologie vermuten, dass das Unbewusste aktiv geworden ist. Das Ouija-Brett ist also ein Instrument, um jenseitige Botschaften zu empfangen.

Die Seele ist unendlich

Das, worauf Seth abzielt, ist die Vorstellung, dass die Seele keine begrenzte Wesenheit ist. Es ist die uralte Erfahrungsdimension des Schamanen, der immer und immer wieder erfährt, dass die Grenzen seines Ichs mit der Unendlichkeit des Kosmos verschmelzen können. Die Welt, das Universum, Gott, alles, was ist, ist nichts von uns Getrenntes.

Es gibt einen schönen Text von Omar Khayyam (1048–1122), der diese Vorstellung treffend beschreibt: „Ich schickte meine Seele durch das Unsichtbare, um mir Kunde von jenem Leben nach dem Tod zu bringen. Bald darauf kehrte sie zu mir zurück und antwortete: Ich selbst bin Himmel und Hölle." (22) Omar Khayyam war iranischer Mathematiker, Astronom und Dichter und zu seiner Zeit hoch angesehen.

Nach den Mitteilungen Seths ist Gott in seinem Kosmos eine ständig expandierende und überall gegenwärtige Energie, die alles erhält und allem Ausdruck verleiht.

Informationen von Seth

Jane Roberts' überirdischer Geist – Seth – gibt detailreiche Informationen über Aufbau und Leben in der jenseitigen Welt. Seth scheint ein fast messianisches Bedürfnis zu haben, den sterblichen Menschen klar zu machen, dass der Körper nur eine Hülle für Größeres ist. Er geht auf den Verlauf des Sterbens, den „Übergang", aber auch auf das Thema Reinkarnation ein. Selbst Gut und Böse sind ihm eine Botschaft wert: „Ich möchte … nochmals betonen, dass es keine Teufel oder Dämonen gibt, außer denen, die ihr euch selber durch euren Glauben erschafft." (21) Dies ist eine durchaus klare Aussage. Gott ist für Seth „Alles-was-ist". Träume, verschiedene Bewusstseinszustände und der nächtliche Schlaf gehören ebenfalls zu den Dingen, die er im Rahmen eines allumfassenden Geists deutet. Aufgabe des Menschen sei es zu lernen, dass alles und jedes im Universum miteinander verbunden ist.

Dass der Kosmos nicht unendlich und ewig ist, zeigen jüngste Erkenntnisse der Astrophysik. Aber ist die Seele des Menschen unsterblich? Wird es jemals eine Wissenschaft geben, die das ein für alle Mal beweisen kann?

JAMES VAN PRAAGH

Ein hoch begabtes Medium

Er gilt als das zurzeit bekannteste Medium der USA: James van Praagh, der in Los Angeles lebt und seit mehr als zwanzig Jahren Vorträge hält und Workshops anbietet, in denen er sein Wissen vom Jenseits an andere weitergibt. Geboren in New York, irisch-katholisch erzogen, wollte van Praagh ursprünglich Priester werden. Schnell erkannte er, dass ihm die Religion für seine besondere Beziehung zu Gott Fesseln anlegte. Mit 24 Jahren stellte van Praagh fest, dass er ein hoch begabtes Medium ist, und sah es fortan als seine Aufgabe an, Beweise für ein Leben nach dem Tod zu liefern. Für ihn bestand die Schwierigkeit darin, dass sich der Mensch als Lebender in einer dreidimensionalen Welt in dieser mit seiner Sprache und Logik zurechtfindet, während das Jenseits eine völlig neue „Sprache" benötigt, um verstanden zu werden. Auf der anderen Seite der Existenz kommunizieren die Geister bzw. Verstorbenen telepathisch miteinander.

Verstorbene suchen Kontakt

James van Praagh ließ seine mediale Begabung durch ein britisches Medium ausbilden. In Trance sucht er Kontakt zu den Verstorbenen. Zuerst strömen Gedanken auf ihn ein, später dann Gefühle und Bilder. Auf diese Weise erhält er eine Vision von dem, was die Verstorbenen ihm mitteilen wollen. Verblüffend für viele Hinterbliebene sind seine präzise gemachten Angaben von Narben und Muttermalen an verschiedenen Körperstellen der Verstorbenen, ohne dass er zuvor davon gewusst haben kann. Häufig wird das amerikanische Medium danach gefragt, weshalb sich die Toten überhaupt wieder melden. Seine Antwort lautet: Weil sie ihren Lieben mitteilen wollen, dass es ihnen gut geht. Dass sie eben nicht tot sind. Dass sie diejenigen, die sie zurückgelassen haben, jetzt noch mehr lieben als zuvor.

Reinkarnation und Alien-Leben

James van Praagh ist ein entschiedener Verfechter der Reinkarnation. Und er propagiert das Leben jenseits des

Er gilt zurzeit als das bekannteste Medium der USA: James van Praagh. Dieser ungewöhnliche Mann, irisch-katholisch erzogen, lebt und arbeitet in Los Angeles, wo er Vorträge hält und Workshops anbietet.

Todes in der Form, dass eine Seele nicht unbedingt in einem menschlichen Körper wiedergeboren werden muss. Um es noch komplexer zu machen: Für van Praagh besitzt der Mensch zugleich mehrere Körper, die sich auf verschiedenen Ebenen befinden. Nur der Erleuchtete kann sie gleichzeitig wahrnehmen.

Unser Körper, gebunden an die Dreidimensionalität, erscheint als unbeweglichster und schwerster von allen Körpern, die wir besitzen. Er ist laut van Praagh „materiedicht". In einer anderen Dimension ist er dagegen so beweglich, dass er an verschiedenen Orten gleichzeitig sein kann. Für van Praagh gleicht das Jenseits dem Quantenuniversum der modernen Physiker, in dem es alle nur erdenklichen Möglichkeiten gibt: Hier geht ein Atom gleichzeitig durch zwei verschiedene „Türen", was experimentell längst bewiesen ist. Diesbezügliche Versuche haben gezeigt, dass ein Atom gleichzeitig an zwei verschiedenen Stellen sein kann.

Altes Leben wirkt bis heute nach

Über sich selbst hat das Medium van Praagh herausgefunden, dass es einen handfesten Grund gibt, warum er sich selbst so lange vor Wasser gefürchtet hat. In einem

Ein Alien, wie man es aus den einschlägigen Filmen Hollywoods kennt. Für van Praagh kann eine Seele auch in einem Alienkörper wiedergeboren werden, auf einem anderen Planeten.

Zum Glauben an die Wiedergeburt gelangte van Praagh durch eine „Rückführung". In einem früheren Leben erkannte er, als Galeeresklave gelebt zu haben und bei einem Sturm gestorben zu sein.

Die Wahrheit über Geister und Gespenster

Die 1936 in Kansas geborene Sylvia Browne gilt seit nahezu sechzig Jahren als Hellsichtige. In ihrem Buch „Besuche aus dem Jenseits" gibt Sylvia Browne eine bemerkenswerte Definition zur Unterscheidung von Geistern und Gespenstern.

Für sie haben die Verstorbenen zwei Möglichkeiten. Bildlich gesprochen sehen sie nach ihrem Tod zwei Türen. Gehen sie durch die linke Tür, so kehren sie sofort in einen irdischen Mutterschoß zurück und werden wiedergeboren. Gehen sie durch die rechte Tür, so gehen sie ins Jenseits ein, sind Seelen, die sich den gottgegebenen Gesetzen des Jenseits unterwerfen. Diese Bewohner des Jenseits werden Geister genannt.

Aber für Sylvia Browne gibt es noch eine dritte Gruppe. Diese Gruppe will weder reinkarnieren noch sich in jenen von Gottes strahlend weißem Licht erfüllten Tunnel begeben, der sie ins Jenseits führt. Sie verharren, aus welchen Gründen auch immer, in einem Zwischenbereich und bleiben dort an die Erde gebunden.

Diese Seelen nennt Sylvia Browne Gespenster, und wenn sie den Lebenden erscheinen, sagt man, dass es spukt. Sie schreibt: „Den Unterschied zwischen Geistern und Gespenstern, also zwischen Besuchen aus dem Jenseits und Spuk, zu kennen, kann sehr hilfreich sein, wenn man unerwartet mit dem Leben nach dem Tod in Berührung kommt." (23)

früheren Leben war van Praagh ein Galeerensklave und ist bei einem Sturm angekettet an seine Ruderbank jämmerlich ertrunken. In einer Rückführung, wie es manche Therapeuten heute ihren Patienten anbieten, wurde das erkannt und geheilt. Nachdem der Grund für die Phobie (Angst) einmal gefunden und klar war, konnte diese Furcht auch endgültig besiegt werden.

Auch für James van Praagh existiert ein Konzept des Karmas. Gutes und Böses kehrt zu uns zurück. Der Mensch sollte, so das Medium, erkennen, dass der Tod eine Illusion ist, und sein Leben auf ein moralisch gutes Fundament setzten.

Van Praagh zu einer speziellen Frage der Reinkarnation

Die wichtigste Frage, die sich viele im Zusammenhang mit Reinkarnation stellen, ist die, warum wir uns nicht permanent an ein früheres Leben erinnern. Van Praagh antwort darauf, dass dies ein Gnadenakt Gottes sei. Alle früheren Existenzen sollen ausgeblendet werden, um das neue Leben wie ein unbeschriebenes Blatt zu führen. Allerdings gäbe es Möglichkeiten für den Menschen, der sich erkennen will, die alten Informationen und Karma-Anteile sofort zu erinnern.

Jenseitsvorstellungen in der Moderne

Im Schlaf kann die Seele auf Reisen gehen, behaupten auch die Theosophen. Die Materie des Diesseits ist dichter und schwerer als der Stoff, aus
dem der Astralkörper besteht. Deshalb kann er sich vom Körper lösen.

THEOSOPHIE

Was bedeutet Theosophie?

Frei übersetzt bedeutet Theosophie „Wissen von Gott."
Die Theosophie will in erster Linie ein wissenschaftliches
System zur Erforschung okkulter Wahrheiten sein. Dabei
sollen die im Menschen ruhenden geistigen Kräfte er-
forscht und geweckt werden, um die Grenzen des irdischen Menschseins zu überwinden und in jenseitige
Sphären vorzudringen.

Im Glauben der Theosophie wirkt das Jenseits ständig
auf das Diesseits ein, weil es einen höheren Schwin-
gungszustand der Materie besitzt. Die Materie des Diesseits ist „dichter" und „schwerer" als beispielsweise die
Materie, aus der der Astralkörper besteht. Der Mensch
selbst ist in beiden Welten zu Hause und erfährt sich als
Wanderer zwischen beiden Bereichen.

Je tiefer sich der Mensch in materielle Dinge ver-
strickt, umso mehr vergisst er seine wahre Heimat, die
lichte Welt des Geistes. Begierden und Leidenschaften
fesseln ihn an die Materie. Erst mit dem Tod kann er
sein wahres Ziel erkennen, wenn er bereit ist, sein bisheriges Leben wie ein Kleid abzustreifen und sich den
wirklichen Aufgaben zu stellen: Entfaltung des wahren
unsterblichen Menschen nach dem Idealbild Christi.
Sollte ihm das im Leben gelingen, gereicht ihm dies nur
zum Vorteil.

Der Tod

Die Angst vor dem Tod liegt nach theosophischer Meinung in einem zu stark verwurzelten Materialismus begründet. Allein die Einsicht, wonach Menschen geistige, ewige Wesen sind, die sterbend lediglich die Fesseln des Körpers abstreifen, nimmt dem Tod seinen Schrecken. Der Unterschied zwischen Tod und Schlaf besteht lediglich darin, dass sich beim Einschlafen der Ätherleib (Seele) nicht vollständig vom physischen Körper löst, sondern mit ihm durch ein feines silberhelles, vibrierendes Band verbunden bleibt – durch die Silberkordel. Diese Silberkordel zerreißt erst mit dem Tod. Bevor das geschieht, zieht das ganze Leben des Sterbenden in lebendigen Bildern vorüber – vom letzten Augenblick bis zurück zur Geburt. Tritt der Tod dann ein, so ist der Mensch überrascht, dass sich die Umgebung kaum ändert. Er sieht und hört seine Hinterbliebenen und nimmt an ihrem Leben weiterhin Anteil. Seine Sinne und seine Bewegungsmöglichkeiten sind ungemein gesteigert.

Trotzdem teilen uns die Theosophen mit, dass das Ableben am Charakter des Menschen nichts verändert. Jeder ist nach seinem Tod derjenige, der er auch vorher war, weder klüger noch dümmer. Allerdings zeigt sich ihm das Jenseits nur so, wie es immer schon in seinem Willen und seinen Vorstellungen existiert hat: So kehrt ein verstorbener Dirigent zu seinem Orchester zurück und dirigiert am Tag seiner Gedächtnisfeier in altgewohnter Weise mit. Seine Sinne sehen die Töne materiell aufsteigen. Alle Melodien erscheinen ihm dabei wie farbenfrohe Kunstwerke.

Madame Helena Petrowna Blavatski

Die Theosophische Gesellschaft ist vor allem das Lebenswerk von Helena Petrowna Blavatski (1831–1891), besser als Madame Blavatski oder HPB bekannt. Sie war eine schillernde und starke Persönlichkeit und wird heute von manchen als Vorläuferin der Channeling-Bewegung angesehen. Channeling ist der Kontakt eines Mediums mit Geistern der höchsten Kategorie, also jenen, die viel über die geistige Struktur des Jenseits wissen.

Madame Blavatski stammte aus einem alten russischen Adelsgeschlecht, war weit gereist, hatte dabei Voodoo-Riten ebenso studiert wie das geheime Wissen tibetischer Meister und der alten Ägypter. Sie war belesen und geschäftstüchtig zugleich. 1875 gründete sie die Theosophische Gesellschaft und veröffentlichte ihr erstes Hauptwerk „Die entschleierte Isis". Ihr Erfolg war von Anfang an bahnbrechend. Viele Künstler und Intellektuelle fühlten sich von Madame Blavatski angesprochen.

Es gab aber auch Kritiker, die Blavatski Schwindeleien und Manipulationen bei ihren Séancen vorwarfen, worüber sie sich zutiefst gekränkt zeigte. 1885 ließ sie sich in Neapel am Fuß des Vesuvs nieder, schrieb viele Briefe, in denen sie ihre Ansichten verteidigte. Ihr zweites bedeutendes Werk „Geheimlehre", in dem sie die Geschichte der Menschheit aus theosophischer Sicht schreibt, erschien im Herbst 1888. Die Geheimlehre beansprucht, die Essenz aller Religionen zu sein, enthält aber viel Rassistisches, weil Madame Blavatski von guten und schlechten Menschenrassen spricht.

Hölle und Fegefeuer

Die Theosophie stellt sich im Jenseits sieben ganz ausgeprägte Sphären vor: Drei davon zählen zu den untersten Regionen und bilden die Unterwelt. Geiz, Wolllust und Bosheit bilden die Voraussetzungen, um hierher zu gelangen und führen zu einem diesen Stufen entsprechenden Aussehen. Hölle wird die unterste Sphäre genannt, eine finstere, grauenvolle, öde, eisige Region, in der teuflische Naturen ihren lasterhaften Charakter ausleben dürfen. Alle drei untersten Sphären zeichnen sich durch verstorbene Wesen aus, die in ihrem Leben schwer gesündigt haben. Dennoch besteht für jeden Einzelnen die Möglichkeit aufzusteigen, sobald er erkennt, dass es jenseits der Befriedigung seiner Triebe noch etwas Reines und Lichtes gibt. Über der Hölle in ihren Abstufungen liegt ein Ort, in dem die Seele büßen kann: das Fegefeuer.

Fegefeuer – Büßerzustand

Hier kann die Seele ihre Sünden büßen, wenn sie ihre Verfehlungen erkennt und bereut. Das alles entspricht dem traditionellen christlich-katholischen Verständnis. Das Fegefeuer ist ein Zustand, in dem man all das, was man im Leben an Unrecht angerichtet hat, selbst zu spüren bekommt. Prinzessin von der Leyen hat davon in ihrem Tagebuch berichtet. Sobald allerdings die Kräfte des Bösen und des Lasters erschöpft sind, die Seele bereut, vermag sie, weiter aufzusteigen. Allerdings sollte sie sich nicht täuschen. Ist ihr Zustand labil, so besteht auch die Möglichkeit, wieder abzurutschen. Das ist eine leidvolle Erfahrung. Das Fegefeuer liegt zwischen Hölle und Himmel und ist keine eigentliche Sphäre, sondern eher ein Zwischenbereich, eine Warte- und Läuterungszone – ein innerer, wenig erfreulicher Zustand.

Das Sommerland

Das Sommerland besitzt wie die Hölle drei unterschiedliche Sphären für den Aufenthalt der Verstorbenen. Die hier vorherrschende Farbe ist Blau. Deshalb sprechen Medien auch gerne von der „blauen Welt". Wer sich hier aufhalten darf, ist bereits von seinen Leidenschaften und Trieben befreit. Hoffnungsfrohes, erwartungsvolles Leben

Das Sommerland besitzt wie die Hölle drei unterschiedliche Sphären für den Aufenthalt der Verstorbenen. Die hier vorherrschende Farbe ist Blau. Deshalb sprechen Medien auch gerne von der „blauen Welt".

ist hier überall spürbar. Die jenseitige Szenerie wird laut theosophischem Weltbild durch ein ruhiges und ernstes Landschaftsbild bestimmt, in dem die Verstorbenen bestimmten Arbeiten nachgehen – fast wie im irdischen Leben. Auf der untersten Stufe halten sich Menschen auf, die früher Mitmenschen gegenüber eher gleichgültig waren. Das Einüben des Miteinanderseins ist hier die tägliche Pflichtaufgabe. Niemand darf sich dem verweigern.

Mittlere Region

Die mittlere Region des Sommerlands ist farbiger und differenzierter als die unterste. Hier wähnt sich der Verstorbene in einer sommerlich üppigen Landschaft. Wer einst im Leben seine persönlichen Liebhabereien über alles stellte, ist nun hier anzutreffen, um sich davon zu befreien. Die oberste Region dieser Sphäre zeigt sich in unglaublich vollendeter Schönheit, ein Paradies wie aus dem Reisekatalog: blumenreiche Gärten und stahlblaues Meer wechseln mit weithin sich ausdehnenden Obstanlagen ab. Tiere und Menschen leben friedlich nebeneinander – in Wirklichkeit malen sich die Verstorbenen diesen wunderschönen Zustand selber aus. Das Idealbild von Familie und Gemeinschaft wird hier gelebt. Viele halten das bereits für den Himmel und wollen gar nicht mehr weiter aufsteigen. Doch die Theosophie warnt: Erst wer absolut frei von Wünschen für sich selbst und andere ist, geht in die lichte selbstlose Himmelswelt über. Und bis dahin ist es noch ein hartes Stück Arbeit an sich selbst.

Himmlisches Leben

Nur wer völlig leidenschaftslos, triebbefreit und bar jeder selbstsüchtigen Neigung ist, darf in die Himmelswelt gelangen. Das klingt eher langweilig, aber man darf sich nicht täuschen: Was die Erde an reinen Freuden zu bieten hat, ist hier der Dauerzustand der Seele. Eine unvergleichliche Fülle von Farben, Formen und Klängen umhüllt den Verstorbenen. Alle seine Ideale sind verwirklicht, seine Gedanken gestalten sein Leben, so, wie er es sich wünscht. Selbstlose Liebe ist der Motor für alles. Der Verstorbene arbeitet am Ziel des Universums, die Schöpfung zurück zu ihrem Schöpfer zu führen.

Wer völlig leidenschaftslos, triebbefreit und bar aller selbstsüchtigen Neigungen ist, darf in die Himmelswelt gelangen. Selbstlose Liebe ist der Motor für alles mit dem Ziel: die Schöpfung Gott zurückzugeben.

Vom Höchsten und Reinsten zurück auf die Erde

Auch Engel und andere Wesen von unbeschreiblicher Schönheit teilen sich mit dem Menschen diese höchste Sphäre. Hier vermag die Seele bewusst zu wirken und zu leben. Kein Vergleich ist imstande, die Pracht und Erhabenheit, die Unermesslichkeit des strahlenden Lichts, die schwingenden Töne und inneren Erlebnisse dieses Zustands zu beschreiben. Das Bewusstsein der Einheit mit allem, was lebt und denkt, ohne Einfluss von Zeit und Raum, erfüllt von der Nähe Gottes, zeichnet die Seele aus, die in dieser Sphäre weilt. Aber die Theosophie sagt auch, dass die auf dieser höchsten Stufe angelangten Seelen nicht in reiner Scheu und Glückseligkeit verweilen. Sie sind gereift, erwacht und werden innerlich dazu angehalten, erneut zu reinkarnieren. Der Grund dafür ist das Unvollendetsein des Universums. Die Rückkehr in ein Erdendasein mit all seinen dunklen und hellen Seiten ist notwendig, um am Plan der Schöpfung mitzuwirken – der Vollendung des Menschen auf allen Ebenen des Seins.

NAHTODERFAHRUNGEN

Raymond Moody und seine Entdeckung

Nahtoderfahrungen wurden um die Mitte der siebziger Jahre des 20. Jahrhunderts öffentlich bekannt, als der amerikanische Arzt Raymond A. Moody mit seinem ersten Buch „Leben nach dem Tod" einen Bestseller schrieb.

Moody war entsprechenden Hinweisen und Berichten aus seinem näheren Umfeld nachgegangen und wollte als Arzt und Philosoph mehr über dieses Phänomen herausfinden.

Bei seinen Untersuchungen setzte er sich mit Schilderungen von Personen auseinander, die an der Grenze zwischen Leben und Tod gestanden hatten und im medizinischen Sinn bereits für tot erklärt worden waren. Aus diesem Grund werden heute Nahtoderfahrungen als ernst zu nehmende Erlebnisse ehemals klinisch toter Personen in aller Welt gesammelt und untersucht.

Raymond Moody schrieb einen Bestseller, in dem er über die Nahtoderlebnisse von scheinbar Verstorbenen berichtete. Die ehemals klinisch Toten erzählten übereinstimmend von einer besseren Welt.

Beschreibung einer typischen Nahtoderfahrung

Die Ergebnisse seiner Untersuchungen präsentiert Moody in seinem ersten Buch „Leben nach dem Tod". Es wird schnell klar, dass die Nahtoderfahrungen vieler Menschen große Gemeinsamkeiten aufweisen. Häufig wird berichtet, dass der Mensch, der im Sterben liegt, hört, dass er von einem Arzt für tot erklärt wird. Dann hört er auf einmal seltsame Geräusche und glaubt gleichzeitig, sich durch einen dunklen Tunnel zu bewegen. Auf wundersame Weise befindet er sich plötzlich außerhalb seines Körpers und ist zurück an dem Ort, wo er gestorben ist; er beobachtet, wie man versucht, ihn wiederzubeleben: „In seinen Gefühlen zutiefst aufgewühlt, wohnt er von diesem seltsamen Beobachtungsposten aus den Wiederbelebungsversuchen bei. Nach einiger Zeit fängt er sich und beginnt, sich immer mehr an seinen merkwürdigen Zustand zu gewöhnen. Wie er entdeckt, besitzt er noch immer einen ‚Körper'" (24) – allerdings einen veränderten.

Personen an der Grenze zwischen Leben und Tod nähern sich häufig Wesen, die sie begrüßen und ihnen helfen wollen. Nur wenige klinisch Tote sprechen von unangenehmen Begegnungen.

Ein anderer Körper und das Lichtwesen

Fast alle Menschen mit Nahtoderfahrungen beschreiben ihren Körper als verändert und mit neuen Fähigkeiten ausgestattet. Das befremdet sie anfangs. Doch Moody formuliert dies folgendermaßen: Es ist nach wie vor der Körper, aber einer, „der sich sowohl seiner Beschaffenheit als auch seinen Fähigkeiten nach wesentlich von dem physischen Körper, den er zurückgelassen hat, unterscheidet." (24) Eine weitere gemeinsame Erfahrung vieler Menschen mit Nahtoderfahrungen ist die Begegnung mit so genannten Lichtwesen, die zum Sterbenden kommen; häufig sind es die Geister verstorbener Freunde oder Verwandter, die ihn begrüßen oder ihm helfen wollen. Sie werden beschrieben als „Licht und Wärme ausstrahlendes Wesen". (24)

Bewertung des eigenen Lebens und Rückkehr

Diese sonderbaren Lichtwesen sprechen den Sterbenden schließlich an, ohne allerdings Worte zu gebrauchen. Die Intention ist für den Sterbenden trotzdem klar: Er wird dazu aufgefordert, sein Leben zu bewerten.

Das Lichtwesen steht ihm bei, „indem es das Panorama der wichtigsten Stationen seines Lebens in einer blitzschnellen Rückschau an ihm vorüberziehen lässt." (24)

Beinahe jeder Sterbende, der solche Begegnungen mit Lichtwesen gemacht habt, berichtet davon, dass er sich im Laufe dieser Rückschau „einer Art Schranke oder Grenze nähere, die offenbar die Scheidelinie zwischen dem irdischen und dem folgenden Leben darstellt. Doch ihm wird klar, dass er zur Erde zurückkehren muss, da der Zeitpunkt seines Todes noch nicht gekommen ist." (24)

Die meisten Menschen mit Nahtoderfahrungen erinnern sich außerdem daran, dass sie nach diesen Erlebnissen in der „Zwischenwelt" gar nicht mehr ins irdische Leben zurückkehren wollten, denn sie waren erfüllt von den angenehmen Gefühlen, die sie im Jenseits empfinden.

„Trotz seines inneren Widerstandes – und ohne zu wissen, wie – vereinigt er sich dennoch wieder mit seinem physischen Körper und lebt weiter." (24)

Als zöge sich die Seele aus dem Körper heraus, stellen sich Medien das Loslösen vom Leib vor. Hat der Astralleib einmal die sterbliche Hülle verlassen, stellen sich ihm keine Hindernisse mehr in den Weg.

Auslöser für weitere Forschungen

Ein solch außerordentliches Erlebnis wie das eben beschriebene beeinflusst jeden, dem es zuteil wurde. Alle Menschen mit solch einschneidenden Erfahrungen haben fortan ein anderes Verhältnis zum Tod. Mitunter stellen sie ihr ganzes bisheriges Leben auf den Kopf. Können solche gravierenden Auswirkungen allein von Hirngespinsten und Phantasien herrühren? Seit Moodys Bestseller sind viele Jahre vergangen, und verschiedene Disziplinen haben sich mittlerweile der Erforschung des Phänomens Nahtoderfahrung angenommen. Es wurden zahlreiche Aussagen gesammelt, und dabei stellte sich heraus, dass das Phänomen weltweit ähnlich beschrieben wird. Untersuchungen der Hirnaktivitäten wurden durchgeführt. Hierbei ergab sich neben neuen Aspekten auch eine Reihe von denkwürdigen Diskussionspunkten. Dabei stellen sich medizinische, vor allem neurophysiologische Aspekte, aber auch grundsätzliche Fragen im Zusammenhang mit dem Tod. Alle Berichte stammen ausschließlich von Lebenden. Besitzen sie dann noch Gültigkeit bezüglich ihrer getroffenen Aussagen über ein Leben nach dem Tod?

Körpereigene Halluzinogene als Erklärungsversuch

Eine Theorie, um die Erlebnisse im Nahtodbereich zu erklären, geht von körpereigenen Stoffen als Ursache für die erfahrenen Visionen aus. Man weiß mittlerweile durch Untersuchungen, dass der Körper eigene Glücksbotenstoffe produziert, die in bestimmten Momenten ausgeschüttet werden. Das geschieht zum Beispiel beim Jogging, wenn das Laufen lange genug andauert. Einige Neurologen und Mediziner suchen in dieser Richtung nach einer Erklärung für die sie eher verstörenden Phänomene im Nahtodbereich. Untersucht werden bezüglich Nahtoderfahrungen vor allem Endorphine, Serotonin und Glutamat, die in Verbindung mit einer Hypoxie (Sauerstoffmangel im Blut oder im Gewebe) zur Auslösung einer Nahtoderfahrung geeignet sein sollen. Im Klartext bedeutet das: Angesichts des drohenden Todes setzt sich der Körper selbst durch bestimmte chemische Stoffe sozusagen unter Drogen, um sich durch schöne Bilder zu betrügen – körpereigene Rezeptoren für diese wurden im Gehirn bereits ausgemacht.

Die letzten Fragen zu stellen nach dem Sinn des Lebens gehört zum Wesen des Menschen. Hierbei können die Nahtoduntersuchungen sicherlich ihren Beitrag leisten. Aber wie viel Gültigkeit besitzen sie?

Der Tod als Reise ohne Wiederkehr

Wann ein Mensch als tot gilt, ist nicht so leicht fest-zulegen. Hirntod und Herzstillstand sind die klassi-schen Kriterien für ein endgültiges Ableben.

Nahtoderfahrungen sind von dieser Festlegung insoweit betroffen, als sie sich stets vor dem endgül-tigen Aus ereignen. Dies ist selbstverständlich, denn wer den Punkt, an dem es keine Wiederkehr mehr gibt, überschritten hat, kann nicht zurückkommen, um von seinem Erlebnis, den gewonnenen Eindrü-cken und Gefühlen zu berichten. Vor allem von the-ologischer Seite aus wird daher behauptet, Nahtod-erfahrungen könnten keinen Blick in jenseitige Wel-ten bzw. Strukturen darstellen, weil der Mensch die Schwelle des biologischen Todes nicht abschlie-ßend hinter sich gelassen hat.

Gerade von theologischer Seite aus wird behauptet, dass Nahtoderfah-rungen keinen Blick in eine jenseitige Welt darstellen. Sie argumentiert, dass kein Mensch die Schwelle des biologischen Todes hinter sich gelas-sen hat.

Was geschieht, wenn wir sterben? Neurologen suchen nach Antworten und meinen, im Gehirn Botenstoffe entdeckt zu haben, mit denen der Körper dem Bewusstsein vorgaukelt, in eine andere, schönere Welt zu gelangen.

Nahtoderfahrungen – nur eine Fiktion bestimmter Hirnregionen?

Hirnforscher wie der bekannte Arzt Dr. Michael Schröter-Kunhardt vermuten, dass bestimmte Regionen des Gehirns die biologische Grundlage für religiöse und paranormale Erfahrungen bilden. Zwei wesentliche Gründe sind dabei für das Interesse an den neurophysiologischen Bedingungen der Nahtoderfahrungen ausschlaggebend: Einerseits will man die Voraussetzungen klären, „unter denen ein Nahtoderlebnis auftritt und womöglich später einmal ‚künstlich' hervorgerufen werden kann. Bei bestimmten Komponenten der Nahtoderfahrungen ist dies bereits gelungen." (25) Hierbei hat man entsprechende Hirnregionen stimuliert (angeregt) und dabei teilweise Wirkungen wie bei einer „echten" Nahtoderfahrung erzielt. Andererseits gibt es Bestrebungen von Seiten einiger Forscher, die alle Nahtoderfahrungen generell auf neurobiologische Funktionen zurückführen wollen. Damit versuchen sie zu belegen, dass die subjektiven Erfahrungen nichts als eine Fiktion bestimmter Hirnteile sind. Das Hirn ist für sie quasi eine Art Filmproduzent für Nahtoderfahrungen.

Bewusstsein über die Grenze des physischen Körpers hinaus

Dr. John Lorber, eine angesehene Kapazität in England und den USA, hat weitere Fälle gesammelt, bei denen Menschen nahezu kein Gehirn hatten oder es bei diesem infolge eines furchtbaren Unfalls normalerweise zu einem vollständigen oder teilweisen Versagen hätte kommen müssen. Wenn die Befunde stimmen, dann wäre die Schlussfolgerung daraus, dass das Bewusstsein ohne Gehirn existiert – weil es mehr gibt als den physischen Körper.

Leben ohne Gehirn

Eine sensationelle Entdeckung hat der Neurologe Dr. John Lorber an der Sheffield Universität in England gemacht, die sehr gut in diesen Zusammenhang passt. Dr. Lorber untersuchte einen Mann mit einem überdurchschnittlich großen Kopf. Der Patient wies zudem eine enorme mathematische Intelligenz auf. Sein IQ wurde mehrfach mit 126 – ein Wert von 100 bedeutet eine durchschnittliche Intelligenz – gemessen. Auch in der Schule waren seine Noten hervorragend. Bei der Untersuchung des Kopfes dieses Mannes stellte Dr. Lorber mit Erstaunen fest, dass das Gehirn nicht vorhanden war. Was Lorber fand, war eine etwa ein Millimeter dünne Schicht Gehirnzellen. Der Rest war Wasser. Der Arzt fragte sich zu Recht, wie es der Mann schaffte, am Leben zu bleiben. Dies war ein medizinisches Rätsel.

Ein ähnlich gelagerter Fall solcher Anomalien des Gehirns ist der des Jungen Andrew Vandal, der am 12. Juli 1984 geboren wurde. Man entdeckte, dass sich während der Entwicklung im Mutterleib am Gehirnstamm eine Zyste gebildet hatte. Diese Zyste hatte die Entwicklung des Gehirns verhindert. Im Klartext heißt dies, dass der Junge kein Gehirn im Schädel hatte, sondern sich an seiner Stelle Zerebrospinalflüssigkeit befand, eine wässrige, klare Hirn- und Rückenmarkflüssigkeit. Trotz dieser Missbildung wurde der Junge geboren und von Kaye Vandal aus Wallingfort, Connecticut, USA, adoptiert. Nach medizinischer Einschätzung hätte das Kind nicht überleben dürfen. Er ist zwar nicht in der Lage zu sprechen und kann sich nur auf dem Rücken bewegen, aber er reagiert auf Reize, lächelt, und seine mentale Entwicklung verläuft scheinbar normal.

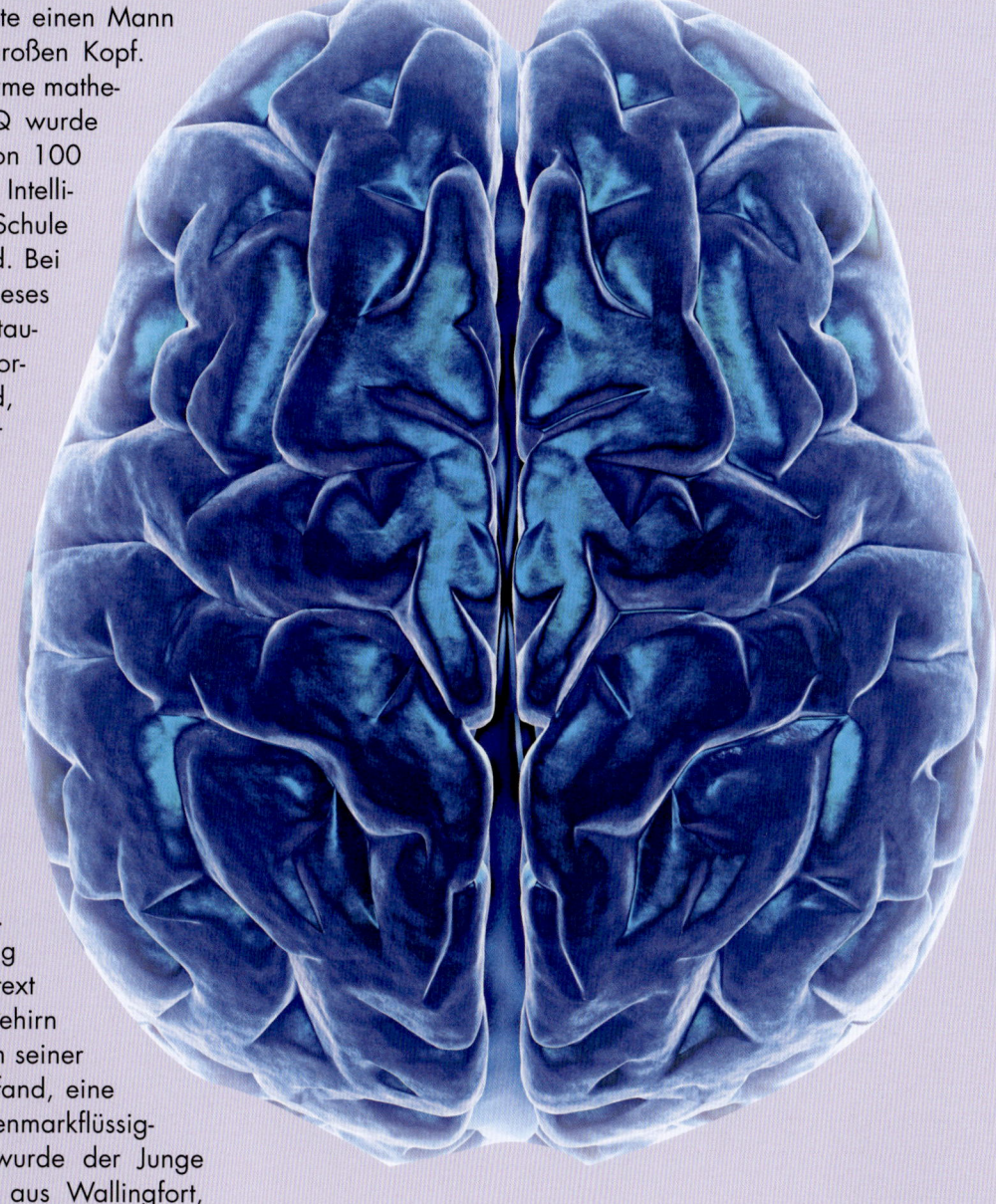

Vielleicht sind Nahtoderfahrungen Fiktionen bestimmter Hirnregionen. Dr. John Lorber entdeckte, das es sogar möglich ist, nahezu ohne Gehirn zu überleben.

Wissenschaftliche Erklärungsversuche

Zunächst wurde angenommen, an der Entstehung von Nahtoderfahrungen seien vor allem körpereigene Opiate beteiligt. Also experimentierte man mit ihnen unter Zuhilfenahme von Endorphinen und anderen Stoffen, um die betreffende Gehirnregion anzuregen und dadurch eine Nahtoderfahrung auszulösen. Das schlug im Prinzip fehl, weil körpereigene Opiate in zahlreichen alltäglichen Situationen ohnehin eine Rolle spielen und anscheinend für den Bereich der Nahtoderfahrungen nicht genügend ausschlaggebend sind. Grundsätzlich steht fest, dass sich durch körpereigene wie auch eingenommene Drogen – beispielsweise Cannabis – nur bruchstückhaft Nahtoderfahrungen hervorrufen lassen. Die Vermutung, Nahtoderfahrungen seien auf Gehirnverletzungen zurückzuführen, darf man aufgrund der vielen Berichte völlig gesunder Personen getrost zurückweisen – allerdings ist dagegen die Beteiligung einer bestimmten Hirnregion, nämlich die des Temporallappens, wahrscheinlich.

Bestimmte Hirnregionen spielen eine wichtige Rolle

Der Temporallappen ist der untere Teil des Großhirns. Hier werden optische Eindrücke verarbeitet. Wenn man den Temporallappen elektrisch reizt, ruft er zumindest bruchstückartige Nahtoderfahrungs-Elemente hervor, wie z. B. die Vorstellung, durch feste Stoffe (eine Wand) hindurchgehen zu können.

Die Neurobiologie beschäftigt sich in erster Linie mit dem Aufbau des Nervensystems. Sie strebt ebenfalls eine Erklärung von Nahtoderfahrungen im Rahmen ihrer Forschungen schon länger an. Auch sie hat sich allerdings bislang als nicht schlüssig erwiesen. Zahlreiche Phänomene konnten nicht oder nur unzureichend erklärt werden. Erhärtet wurde allerdings die Vermutung, dass bei Nahtoderfahrungen eine spezielle Funktion der limbischen Hirnregion vorliegt. Am eindeutigsten ist die Rolle des limbischen Systems für das Gedächtnis, es integriert äußere und innere Einflüsse und bewertet diese emotional.

Werden Nahtoderfahrungen durch körpereigene Drogen ausgelöst? Auch diese Theorie gibt es. Experimente haben jedoch ergeben, dass körpereigene Opiate zu unspezifisch für den gesamten Bereich der Nahtoderfahrungen sind.

Forscher und Forschung

Nahtoderfahrungen heben sich inhaltlich sehr deutlich vom Alltagsgeschehen ab. Viele Menschen mit diesen außergewöhnlichen Erfahrungen zögern, ihr Erlebnis anderen mitzuteilen, weil sie befürchten, für verrückt gehalten zu werden. Schon aufgrund des skeptisch eingestellten medizinischen Personals wurde eine große Zahl von Berichten in Europa nicht bekannt. Anders als in den USA, wo das Krankenhauspersonal mit dem Nahtoderfahrungen vertraut ist, findet in der „Alten Welt" kaum systematische Forschung im klinischen Bereich statt.

Reißerische Filme und seltsame Forschungen mit dem Psychomanteum

Ein eventueller Grund für diese Zurückhaltung dürfte der Umstand sein, dass Nahtoderfahrungen vielfach als esoterisches Phänomen abgehandelt werden. Filmproduktionen wie „Ghost" mit Demi Moore und Patrick Swayze mögen erheblich dazu beigetragen haben, dass viele Wissenschaftler die Berichte für unseriös halten. Aber auch die Erforscher dieses Phänomens haben einen nicht geringen Anteil am negativen Image der Nahtodesforschung. So ist etwa Elisabeth Kübler-Ross, die durch ihre Gespräche mit Sterbenden schon früh im thanatologischen Bereich, also im Sterbebereich, bekannt wurde, von ihrer ursprünglichen Arbeit abgekommen und hat sich esoterischen Themen zugewandt. Auch Raymond Moody, der als bahnbrechender Wegbereiter der Nahtodesforschung gilt, widmet sich mittlerweile Vorhaben, für die seriöse Wissenschaftler nur wenig Verständnis haben. Seine Versuche, mithilfe von Spiegeln die Kontaktaufnahme mit Verstorbenen in einem so genannten Psychomanteum zu ermöglichen, hat für viel Kritik unter seinen Kollegen gesorgt.

Ein Psychomanteum ist ein Raum mit einem großen Spiegel an der Wand, durch den ein so genannter „hypnagogic state" erzielt wird, also ein Zustand des veränderten Bewusstseins, in dem Visionen, Gespräche mit Toten etc. möglich sein sollen.

Was auch immer nach dem Tod auf uns wartet, beruht auf Spekulationen. Filme wie „Flatliners" greifen diese Thematik gerne auf. In „Ghost" versucht der Verstorbene, seiner geliebten Frau Nachrichten aus dem Jenseits zu überbringen.

Religiöser Hintergrund des Nahtoderlebnisses

Viele Erlebnisberichte spiegeln die Jenseitsvorstellungen eines bestimmten Glaubenssystems wider. Christen begegnen mitunter Jesus, Hinduisten ihren Göttern, und Mormonen stellen überrascht fest, dass die strenge hierarchische Ordnung ihres Glaubensbildes auch im Jenseits gilt.

Die meisten Beschreibungen erwähnen am Anfang der „Reise" eine Art von Tunnel, Nebel oder auch eine Tür. Für einige sieht dieser Tunnel lebendig aus, als wäre es ein Organismus. Andere sehen am Ende des Tunnels ein helles, warmes Licht. Das, was die meisten sehen, ähnelt sich: Es ist mit angenehmen optischen und akustischen Eindrücken verbunden und erscheint wie ein Vorgriff auf paradiesische Regionen.

Die meisten Beschreibungen von Menschen an der Schwelle zum Tod erwähnen am Anfang einen Tunnel, Nebel oder eine Art von Tür, auf die sie ohne Furcht zugingen.

Ein Argument, dass Nahtoderfahrungen vielleicht doch real sind, belegen Menschen, die gelähmt oder blind sind. Wieso können sie fremde Zimmer beschreiben oder was dort während ihrer OP gesprochen wurde?

Zusammenkunft mit fremden Wesen

Eine Vielzahl von Menschen berichtet von der Zusammenkunft mit anderen Personen oder Wesen. Dabei handelt es sich vor allem um bereits verstorbene Verwandte: „Vor allem waren das die Freundin ... sowie meine Großmutter väterlicherseits. Was mich im Nachhinein sehr frappiert hat, ist, das ich sie gar nicht gekannt habe, da sie vor meiner Geburt verstorben war ... Diese Begrüßung durch die Gestalten war sehr überwältigend, im Grunde genommen war es ein Meer von Liebe." (25)

Was speziell den Ort betrifft, so lauten die Berichte folgendermaßen: „Ich kam in einen Garten, der in wunderschönen Farben schillerte, die ich aber nicht beschreiben kann. Es war pastellfarbenartig, obwohl diese Beschreibung nicht zutrifft." (25) In ihrer Art überwältigend ist auch die Architektur des Jenseits:

Brücken, Bibliotheken, Tempel übertreffen meist alles, was man im Diesseits kennt. Oftmals werden auch ganze Städte erwähnt. Doch nicht alle Schilderungen beschreiben konkrete Objekte, manche bleiben unspezifisch und schildern nur eine unendliche Weite oder eine schöne lichte Weite.

Das Problem von Leib und Seele

Die Nahtoderfahrungen spiegeln alte Vorstellungen der Menschheit wider – Körper und Seele sind zwei getrennte Dinge. Bei der Nahtoderfahrung verlässt die Seele den Leib und nimmt dabei die personale Identität des Menschen mit sich. Das, was den Menschen ausmacht, sein Ich, existiert also unabhängig vom physischen Leib. Damit steht die Nahtoderfahrung in einer alten philosophischen und theologischen Tradition, die von der Loslösbarkeit der Seele vom Leib ausgeht. In der Esoterik hat es diese Annahme schon immer gegeben, allerdings als größeres Modell: Nach esoterischem Glauben existiert abgesehen vom physischen Leib neben dem Astralkörper noch ein Ätherkörper, der die Lebensfunktionen aufrechterhält. Die uralte Annahme, Psyche und Physis – also Seele und Körper – seien zwei voneinander getrennte „Dinge", wird durch das Auftreten von Nahtoderlebnissen neu belebt.

Besonders interessant sind jene Fälle, in denen sich außerkörperliche Wahrnehmungen belegen lassen: Mitunter machten scheinbar Verstorbene Beobachtungen, die ihnen aus ihrer Perspektive oder aufgrund ihrer körperlichen Verfassung eigentlich nicht möglich gewesen wären. Das ist vor allem dann bemerkenswert, wenn diese Person „scheintot" in einem Zimmer liegt, jedoch ihre Wahrnehmungen einen völlig anderen Raum, eine andere Etage oder ein ihnen unbekanntes Gebäude betreffen. In einigen wenigen Fällen war der Nahtote sogar blind. Mehr noch: Auch gelähmte Menschen oder Personen, denen die Beine amputiert waren, haben sich anscheinend problemlos von ihrem Standort weg bewegen können. Sie machten Aussagen über Räume und Personen, die sie niemals gesehen haben konnten. Auf jeden Fall wird das seit der Antike bekannte Leib-Seele-Thema durch Nahtoderfahrungen neu aufgerollt werden müssen.

Je nach Glauben begegnen z. B. Hindus ihren Göttern und Christen Maria oder Jesus. Ein Christ berichtet: „Ich meine wirklich Jesus Christus. Es bestand weder der Wunsch, ihn anzubeten noch auf die Knie zu fallen."

Lichtwesen und ein mildes Licht

Viele Berichte über Nahtoderfahrungen handeln von Begegnungen mit einem Lichtwesen. Dieses engelsgleiche Wesen umgibt nach den Schilderungen meist ein sehr mildes und helles Licht, aber keine Helligkeit, die blendet. Die Menschen fühlen sich in diesem Licht sehr wohl. Es bedeutet für sie absolutes Glück, umfassendes Wissen und Liebe für andere und zu sich selbst. Diesem Licht kann man sich gänzlich anvertrauen, ohne dabei etwas zu verlieren, und es gipfelt im Aufheben aller Gegensätze, letztlich im ganz tiefen Glück, gemischt mit Freude. Vielfach wird das Vorhandensein des Lichtwesens religiös gedeutet: „Das nächste, an das ich mich erinnern kann, war, dass mir Jesus erschien. Ich meine wirklich Jesus Christus! Es bestand weder der Wunsch noch die Notwendigkeit, ihn anzubeten oder auf die Knie zu fallen." (25)

Bei vielen katholischen Theologen finden Nahtoderfahrungen grundsätzlich eine positive Aufnahme. Allerdings gelten sie für den Vatikan nicht
als Beweis für ein Leben nach dem Tod oder für die Existenz Gottes.

Die Kirchen und die Nahtoderfahrungen

Der Tübinger Theologe Hans Küng stellt in seinem Buch
„Ewiges Leben?" nüchtern fest, dass niemand, der von
seinen Nahtoderfahrungen berichtet, die Grenze des biologischen Todes überwunden hat: „Nahe an der Schwelle
des Todes, haben sie diese doch nirgendwo überschritten.
Was also besagen dann solche Sterbeerlebnisse? Nichts!
Solche Sterbeerlebnisse beweisen für ein Leben nach
dem Tod nichts." (26)

Bei vielen Theologen in der deutschen katholischen
Kirche finden Nahtoderfahrungen grundsätzlich eine
positive Aufnahme. Aus bischöflichen Schreiben geht
hervor, dass Nahtoderfahrungen zwar als reale Erfahrungen angesehen werden, nicht aber als Einblicke ins Jenseits oder als Gottesbeweis. Ein Kirchenvertreter emp-
fahl, jene Erlebnisse nicht als Beweis, sondern als Hinweis für menschliche Transzendenz zu nehmen – kir-
chenamtliche Bedenken seien nicht bekannt. Dies ist
etwa in dem Sinn zu verstehen, dass wenn die Nahtoderfahrungen Frieden und Freude bringen, die Möglichkeit besteht, dass sie wirklich spirituell sind.

Biblische Gestalten im Westen,
Hindugötter im Osten

Schon skeptischer sind die Reaktionen aus deutschen
evangelischen Kirchenkreisen. Auch hier hebt man hervor, dass keiner wirklich gestorben sei. Somit seien endgültige Aussagen über ein Jenseits nicht möglich. Auf
keinen Fall lasse sich das christliche Gottesbild aus Nahtoderfahrungen ableiten.

Die hier zitierten Beschreibungen des „Lichtwesens"
lehnen sich häufig an biblische Gestalten an. Aus einer
Reihe von untersuchten Berichten aus anderen Ländern
wurden abweichende Beobachtungen und Interpretatio-
nen bekannt.

Sie stützen die Vermutung, dass der soziokulturelle
Hintergrund der Nahtoten für die gemachten Beobachtungen ausschlaggebend ist. Dies betrifft sowohl die
Wahrnehmung von Äußerlichkeiten – vor allem die
Architektur der jenseitigen Welt und die Kleidung der
jenseitigen Wesen – als auch die im Rahmen des jeweiligen religiösen Hintergrunds bei Nahtoderfahrungen
nicht uninteressante Deutung des „Lichtwesens".

So wurde bei Untersuchungen indischer Nahtoderfahrungen festgestellt, dass dort vorwiegend religiöse Gestalten aufgetreten sind, während aus China von Begegnungen mit einem nicht näher beschriebenen Boten berichtet wurde, der zur unverzüglichen Rückkehr aufforderte.

Lebensrückschau

Ein häufig beschriebenes Vorkommnis stellt die Lebensrückschau dar. In einem Erlebnisbericht wird geschildert, dass sich diese Rückschau aus unzähligen Bildern zusammensetzte und Szenen aus dem eigenen Leben wiedergab.

Jede Szene war vollkommen abgerundet. Der unsichtbare Regisseur hatte die ganze Rückschau so zusammengestellt, dass der Betreffende als erste Szene seines Lebens seinen Tod sah, während er als letzte Szene die eigene Geburt betrachtete. Alles sei irrsinnig schnell gegangen, er habe sozusagen im Zeitraffer seine gesamte Existenz von sechzig Jahren überblickt, was sehr beeindruckend gewesen sei.

Moralische Bewertung und Rückkehr

Zu den Erinnerungen an das vergangene Leben tritt in manchen Fällen der Umstand hinzu, dass die beleuchteten Handlungen einer moralischen Bewertung unterzogen werden, die vielfach auch die Gefühle der dadurch betroffenen Mitmenschen einschließt: „Gleichzeitig spürte ich die Folgen all meiner Taten für alle Menschen ... für Luft, Erde, Wasser und die Pflanzen." (25)

Eine andere Person schreibt: „Mein Gewissen wertete mein Handeln sofort aus und beurteilte mich selbst, das heißt, ob diese oder jene Tat gut und schlecht gewesen war." (25)

Die Rückkehr zum gewohnten Leben findet auf unterschiedliche Weise statt. In einigen Fällen ist das angetroffene Lichtwesen bei der Rückkehr anwesend oder für jene verantwortlich: „Das Wesen sagte mir, dass ich eine Mission hätte und dass ich mit dieser Mission auf Erden noch nicht begonnen hätte." (25)

Die Rückkehr ins gewohnte Leben wird häufig als schmerzlich empfunden. Manchmal wollen sich die Betroffenen dem auch verweigern. Aber in allen bekannten Fällen nützt ihnen das nichts.

Ein Forschungsfeld mit Zukunft

Nahtoderfahrungen stellen ein faszinierendes Forschungsfeld dar, das noch breiten Spielraum für weitere Untersuchungen offen lässt. Alle Personen, die eine Nahtoderfahrung gemacht haben, haben ihr Leben danach radikal geändert. Der Erwerb materieller Güter rückte zugunsten einer eher spirituell ausgerichteten Lebensführung in den Hintergrund. Der Tod hatte seinen Schrecken verloren. Der modernste Ansatz zur Erklärung von Nahtoderfahrungen besagt, dass ein normalerweise am Gehirn angedocktes Bewusstsein, das man als Informationsordner bezeichnen kann, in der Lage ist, sich zeitweise vom Körper abzulösen und trotzdem weiterhin aktiv ist, um Information zu vermitteln, aufzunehmen und in seinem „Aggregatzustand" unkörperlich zu speichern.

Der hinduistische Gott Vishnu gehört zu jenen Wesen, denen ein Hindu bei seiner Nahtoderfahrung begegnen kann. Häufig ist von Wesen die Rede, die nicht wollen, dass derjenige wirklich stirbt, weil er eine Mission habe.

SPIRITISMUS UND PARAPSYCHOLOGIE

Ansätze und Vorgehensweise

Der Spiritismus wollte einst, ausgelöst durch Forscher wie Swedenborg, den Nachweis erbringen, dass es eine vom materiellen Leib unabhängige und unsterbliche Seele gibt. Er geht davon aus, dass die Persönlichkeit des Menschen nach dem Tod bestehen bleibt. Deshalb soll für medial begabte Menschen die Möglichkeit bestehen, zu den Verstorbenen im Jenseits Kontakt aufzunehmen.

Die Parapsychologie kümmert sich heutzutage um Phänomene, die aus naturwissenschaftlicher Sicht eher zum Grenzbereich des menschlichen Denkens und seiner Erfahrung zählen. Dennoch hat die moderne Parapsychologie vorläufig eher wenig mit dem Spiritismus zu tun. Sie hat es sich zum Ziel gesetzt, nach wissenschaftlicher Methode mühsam alles das zu untersuchen, was der Spiritismus schon längst glaubt gefunden zu haben und als gesicherten Bestand seiner Wissenschaft betrachtet. Aber wissenschaftliche Untersuchungen brauchen einige Zeit. Und die Parapsychologie will Beweise erbringen, so schwer das auch ist. Phänomene wie die unten aufgeführten werden heutzutage von Parapsychologen untersucht und bewertet.

Suche nach einem wissenschaftlichen Modell

Im Umgang zwischen Parapsychologie und Spiritismus hat sich einiges geändert. Medien oder Sensitive, derer sich der Spiritismus bedient, werden nicht mehr wie früher als Hysteriker oder Geisteskranke betrachtet, die Telepathie (Gedankenlesen) und Telekinese (Bewegung von Dingen ohne äußere Einwirkung) nicht mehr als Täuschung und Betrug gesehen, sondern als wissenschaftliche Tatsachen.

Man nimmt solche Menschen ebenso ernst wie außergewöhnliche Phänomene. Die Aufgabe der Parapsychologie ist es, dort weiterzumachen, wo alte spiritistische Forscher aufgehört haben – ein einleuchtendes Modell zu finden, das all diese Randphänomene hinreichend erklärt. Spukerscheinungen gehören beispielsweise in diesen Bereich.

Gesichter aus dem Nichts – Spuk in Spanien

Den 23. August 1971 hat Maria Gomez Pereira in Bélmez, Spanien, niemals mehr vergessen. An diesem Tag begannen in ihrem Haus gegen Mittag die unheimlichen Vorkommnisse, die sie für den Rest ihres Lebens verfolgen sollten. Frau Pereira war in der Küche mit dem Mittagessen beschäftigt, als von einem Augenblick zum anderen wie aus dem Nichts ein deutlich erkennbares Gesicht auf dem Boden ihrer Küche erschien. Dort war das schemenhafte Abbild eines Mannes zu erkennen. Maria Pereira versuchte daraufhin vergeblich, das Gesicht vom Küchenfußboden zu entfernen. Das Gesicht „weigerte" sich, weggewischt zu werden. Eine Zeugin war sogar der Meinung, dass sich die Miene des Männergesichts veränderte. Eine Woche verging, und Frau Pereira griff zu drastischeren Maßnahmen. Sie überklebte einfach den Küchenboden und überdeckte die unheimliche Fratze – leider ohne Erfolg. Als hätte sie den Spuk herausgefordert, erschienen weitere Gesichter von Männern und Frauen auf dem Küchenboden. Wenig später zeigten

Angeblich soll es reale Aufnahmen von Geistern in einschlägigen Spukhäusern geben. Die Parapsychologie versucht, solchen Phänomenen nachzugehen. Eine Theorie: Materie kann wie ein Tonband Bilder speichern.

Die wie aus dem Nichts aufgetauchten Gesichter im spanischen Bélmez stellen die Forscher vor ein Rätsel. Bislang hat noch keiner bei ihnen Betrug nachweisen können. Aber was sind sie dann?

sie sich auch im ganzen Haus. Es ist nicht verwunderlich, dass sich diese unglaubliche Geschichte der Fratzen und Spukgesichter schon bald in Bélmez herumsprach.

Presseberichte und Analyseversuche

Presse und zahllose Fotografen rückten an und grübelten über das Phänomen. Zahlreiche Fotos belegen die Existenz der unheimlichen Gesichter. Der Bürgermeister des Orts forderte eine Renovierung des Bodens, wobei er allerdings zugleich einen Teil davon als Beweis für das Auftauchen der Fratzen aus dem Nichts für weitere Untersuchungen erhalten wollte. Mit zahllosen chemischen Analysen sowie einer Röntgen-Untersuchung wurde dem Problem zu Leibe gerückt – ohne brauchbare Erkenntnisse. War der Spuk am Ende nichts weiter als ein genial ausgeklügelter Streich? Sollte es sich so verhalten, dann fehlen dafür bis dato jegliche Beweise. Bewiesen werden konnte lediglich, dass weder Feuchtigkeit noch Schimmel die unheimlichen Gesichter verursacht hatten. Zu diesem Zweck wurde eigens im neuen Fußboden eine Folie eingelassen. Das einzige Ergebnis dieser Maßnahme war jedoch, dass die Gesichter auch weiterhin erschienen. Bislang hat für ihre Existenz niemand eine plausible Erklärung gefunden.

Ein gruseliger Fund

Dann wurde vermutet, dass sich etwas unter dem Boden des Hauses befinden könnte, das die Bilder auslöst. Beim Ausheben des Bodens stießen die Arbeiter auf menschliche Skelette, denen die Schädel fehlten. Weitere Nachforschungen ergaben schließlich, dass sich das Haus der Familie auf den Resten eines Friedhofs aus dem 13. Jahrhundert befindet. Mittlerweile sind die Menschen des Orts und die mit diesem Fall beschäftigten Wissenschaftler davon überzeugt, dass die Phänomene real sind. Die entdeckten menschlichen Überreste fanden ihre letzte Ruhestätte auf dem Friedhof von Bélmez. Damit wurde die Hoffnung verbunden, dem Spuk ein Ende bereiten zu können. Diese Annahme erwies sich leider als Trugschluss. Die Fratzen halten sich nach wie vor hartnäckig. Alle unternommen Versuche, den Spuk aufzuklären, scheiterten. Mit Mikrophonen nahm man Stimmen bzw. seltsame Geräusche auf, die als Ächzen und Stöhnen gedeutet wurden – offenbar das Wehklagen von Menschen, denen großes Leid widerfahren war. Im Jahr 2004 starb Maria Pereira im Alter von 85 Jahren. Seitdem hat der Spuk eine neue Heimat gefunden, denn nun tauchen die Gesichter nur einhundert Meter weiter in ihrem Geburtshaus auf. Inzwischen sind dort mehr als zwanzig dieser Fratzen dokumentiert worden.

Oftmals wird Spuk mit einem Mord verbunden, der ungesühnt blieb – als ob der Ermordete deshalb als Gespenst wiederkehren müsste, um Lebende an sein grausames Schicksal zu erinnern.

Stand der Forschung

Bislang gibt es keinen haltbaren Beweis für Geistererscheinungen, aber auch keinen Gegenbeweis, der die bekannten Fälle rein rational erklären könnte. Spukereignisse wie etwa Poltergeister oder Klopfgeister konnten vielfach auf eine Quelle zurückgeführt werden, in deren Mittelpunkt entweder bestimmte Personen mit schweren psychischen Problemen oder Pubertierende standen. Sie wurden zumindest als Auslöser für die rätselhaften Phänomene entdeckt, obwohl damit nicht die scheinbar unnatürlichen Ereignisse erklärt werden konnten. Anscheinend entzieht sich manch psychischer Prozess noch unserem Verständnis. Vielfach ist natürlich auch Betrug und Einbildung nachgewiesen worden. Aber es bleibt wie so oft ein kleiner Rest, der unerklärbar und rätselhaft scheint.

Neue Ansätze durch Rupert Sheldrake

Neue Ansätze könnte die Theorie des englischen Biochemikers Rupert Sheldrake liefern, dem zufolge es so genannte morphogenetische Felder gibt, die frei von Materie und Energie dennoch über Zeit und Raum wirksam sind und eine unsichtbare Verbindung zwischen Lebewesen darstellen. Hierdurch ließen sich Phänomene wie Telepathie, Telekinese oder auch spiritistische Erscheinungen erklären.

Ein solches morphogenetisches Feld beschränkt sich laut Sheldrake nicht allein auf das Gehirn, sondern erstreckt sich über den Körper hinaus in die Umwelt hinein. Manche nennen diese Felder, die zurzeit in Russland starke Beachtung finden, auch Lebensfelder, weil sie alles umschließen. Wir Menschen stehen mit ihnen in Resonanz, in einer Schwingungsebene.

Spiritistische Sitzungen waren das gesellschaftliche Ereignis des 19. Jahrhunderts. Meistens beruhten sie auf geschickten Manipulationen. Ein kleiner Rest bleibt übrig für Spekulationen. Ein Feld für seriöse Forscher.

Eine solche Resonanz verbindet uns laut Sheldrake alle mit dem kollektiven Gedächtnis unserer Gesellschaft und Kultur und letztlich mit dem kollektiven Gedächtnis der gesamten Menschheit.

Ein weiteres Erklärungsmodell

Es hat sich unter anderem herausgestellt, dass die physikalischen Phänomene des Spiritismus, also die Telekinese, das Tischerücken, die Materialisationen, also das Sichtbarwerden von Geistern usw., für sich allein noch nicht das Fortleben nach dem Tod beweisen.

Klopfgeister beweisen kein Jenseits. Sie können nämlich samt und sonders auch animistisch mit der Vorstellung, dass alle Lebewesen und Dinge beseelt sind, erklärt werden.

Spuk im Jahr 2006

Von einem unheimlichen Vorfall wurde Anfang 2006 in Deltona, USA, berichtet. Dort fesselten die spukhaften Phänomene sogar ein Filmteam. Im Dunnam House in Deltona hatten sich offenbar Gegenstände bewegt, ohne dass menschliches Zutun dabei eine Rolle gespielt haben soll. Sogar Geräusche oder Stimmen aus anderen Dimensionen wären zu hören gewesen und eine schreckliche Geistererscheinung war zum Thema eines Filmteams geworden: Die Eigentümer des Spukhauses – Edd und Beth Dunnam – seien der Verzweiflung nahe gewesen, als ein Mann ohne Kopf selbst am Bett ihrer beiden Söhne gestanden hätte. Dabei hätte alles eher harmlos angefangen mit einigen „kalten Stellen im Haus", berichten die Dunnams. (27)

Spuk-Geschichten aus Irland

Nicht nur in England, Spanien und den USA gibt es nervenaufreibenden Spuk, sondern auch auf der grünen Insel Irland. Hier sind seit Jahrhunderten zahllose verrufene Häuser bekannt, in denen sich nachts Furcht erregende schwarze Katzen zeigen, schattenhafte Gestalten durch schummrige Flure huschen und längst verstorbene adlige Damen die Lebenden erschrecken, wenn sie um Mitternacht lautlos hochherrschaftliche Treppenhäuser hinabgleiten. Schauriges hört man beispielsweise vom Iveagh House am St. Stephen's Green in Dublin, in dem sich heute das Außenministerium befindet. Hier zeigt sich angeblich jeden Gründonnerstag ein rätselhaftes Kreuz in einem bestimmten Fenster, weil an dieser Stelle 1583 der Erzbischof von Cashel ermordet worden ist. Im angesehenen Shelbourne Hotel wiederum spukt ein kleines Mädchen namens Mary Masters, das hier einst auf grausame Weise den Tod gefunden haben soll. Erklärungen von Parapsychologen zeigen, dass mitunter starke elektromagnetische Felder bei Menschen Furcht und bestimmte Bilder auslösen können. Zudem begünstigen architektonische Besonderheiten wie hohe Räume, dunkle Gänge, diffuse Lichtverhältnisse und alte Wände das Erleben von geisterhaften Phänomenen. Allerdings: Einiges kann so erklärt werden, aber längst nicht alles.

Berühmte Häuser wie das Dubliner Shelbourne Hotel ziehen Menschen an, die sich mal richtig gruseln wollen. Manche erleben eine Enttäuschung, andere wollen wirklich etwas erlebt haben. Alles nur Einbildung?

AUSBLICK

Der Mensch hat sich zu allen Zeiten Gedanken über ein Weiterleben nach dem Tod gemacht. Noch vor wenigen Jahrzehnten wurde dieser Bereich von der Wissenschaft weit gehend gemieden, im 21. Jahrhundert wendet sich das Blatt jedoch langsam.

Die Quantenphysik und die moderne Kosmologie haben neue, Aufsehen erregende Modelle über die Entstehung des Universums und des Lebens vorgelegt. Diese betreffen auch die Frage nach einem Leben nach dem Tod. Die neuesten Forschungsansätze im Bereich der Nahtoderfahrungen und anderer paranormaler Phänomene zeigen, dass bei vielen Forschern die Bereitschaft besteht, ein mögliches Bewusstsein außerhalb des Körpers bzw. ohne ihn anzuerkennen. Diese unglaublichen Aspekte werden zurzeit genauer untersucht.

Das jenseitige Wesen Seth, mit dem die medial begabte Jane Roberts in Kontakt stand, hatte sich selbst als Energiepersönlichkeitskern, der nicht mehr in der physischen Form zentriert ist, bezeichnet. Einige Forscher wie die Physiker Burkhard Heim, Illobrand von Ludwiger oder Professor Ernst Senkowski vermuten, dass Bewusstsein höchstfrequente Materie einer übergeordneten Dimension ist.

Der Mensch ragt also in andere Dimensionen, darunter auch das Jenseits, hinein. Das sind Aspekte, die ein neues, verändertes Nachdenken über den menschlichen Körper und den Tod aus wissenschaftlicher Sicht ermöglichen. Religion und Esoterik haben dies ja schon immer gewusst, wie gezeigt wurde.

Nun muss dieses Wissen nur noch wissenschaftlich untermauert werden.

So ähnlich kann man sich die Begegnung mit einem Geist ausmalen. Ein nebliges Gebilde, das sich auflöst, wenn man danach greifen will. Aber Geister werden mitunter auch als reale Gestalten beschrieben, die wie gewöhnliche Menschen wirken.

Auch Kinder „erscheinen" den Lebenden. Zumindest wird davon berichtet. Meistens starben sie infolge eines Unfalls und spuken am Ort des Geschehens, weil sie denken, immer noch lebendig zu sein, erklären Spiritisten.

QUELLENNACHWEIS

1   Herodot: *9 Bücher der Geschichte*. Wiesbaden 2004
2   *Ägyptisches Totenbuch*. München 1955
3   Giebel, Marion: *Das Geheimnis der Mysterien*. München 1990
4   Homer: *Odysee*. Ditzingen 1986
5   Hans-Joachim Klimkeit (Hg.): *Tod und Jenseits im Glauben der Völker*. Wiesbaden 1978
6   Guyonvarch, Christian-J./Le Roux, Francoise: *Die Druiden*. Engerda 2002
7   Simek, Rudolf: *Lexikon der germanischen Mythologie*. Stuttgart 1995
8   Jesaja 14,10–11
9   Alighieri, Dante: *Die Göttliche Komödie*. München 1997
10   www.Himmelsboten.de
11   Zürrer, Ronald: *Reinkarnation. Einführung in die Wissenschaft der Seelenwanderung*. Zürich/Jestetten 2005
12   Braun, Hans-Jürg: *Das Leben nach dem Tod*. Zürich 1996
13   Eqbal, Mohammad: *Botschaften des Ostens*. Stuttgart 1984
14   Hawley, Jack: *Bhagavad Gita*. München, 2002
15   Kölver, Bernhard: *Das Weltbild der Hindus*. Berlin 2003
16   Ulrich, Hans R.: *Von Meister Eckhardt bis Carlos Castaneda*. Frankfurt 1986
17   Kant, Immanuel: *Träume eines Geistersehers, erläutert durch Träume der Metaphysik*. Ditzingen 1976
18   Hentschel-Heinegg, Aglaja: *Kontakte mit Unsichtbaren*. Frankfurt 1980
19   Kerner, Justinus: *Die Seherin von Prevorst*. Stuttgart 1989
20   Von der Leyen, Eugenie: *Meine Gespräche mit armen Seelen*. Aschaffenburg 1980
21   Roberts, Jane: *Der Weg zu Seth*. München 1988
22   Van Praagh, James: *Jenseitswelten*. München 2002
23   Browne, Silvia: *Besuche aus dem Jenseits*. München 2002
24   Moody, Raymond: *Leben nach dem Tod*. Hamburg 2001
25   Högl, Stefan: *Nahtoderfahrungen und Jenseitsreisen*. Marburg 2000
26   Küng, Hans: *Ewiges Leben?* München 2003
27   www.Paranews.net

Bibel. Stuttgart 1980
Dietzelbinger, Konrad: *Mysterienschulen*. München 1997
Dunne, John J.: *Irland – die Welt der Geister*. Freiburg 2001
Ford, Arthur: *Bericht vom Leben nach dem Tode*. München 1980
Hornung, Eric: *Das geheime Wissen der Ägypter*. München 2003
Koran. Paderborn 2005
Küng, Hans: *Ewiges Leben*. Piper 2003
Lucadou, Walter: *Dimension PSI*. Berlin 2003
Meckelburg, Ernst: *Jenseits der Ewigkeit*. München 2000
Murphet, Howard: *Jenseitswelten und Jenseitsleben*. München 1991
Roberts, Marc: *Das Neue Lexikon der Esoterik*. München 1995

BILDNACHWEIS

Christiana-Verlag, Stein am Rhein (CH): 61

Corbis: 2 Frank Krahmer/zefa, 4 Richard T. Nowitz, 5 Araldo de Luca (l.), Scot Frei (M.), Digital Art (r.), 6 Stapleton Collection, 7 Bruce Burkhardt, 8 Guntmar Fritz/zefa, 9 The Cover Story, 11 Richard T. Nowitz, 12 Tibor Bognár 13 Bettmann (l.), Werner Forman (r.), 14 Historical Picture Archive, 15 Gianni Dagli Orti (l.), Sandro Vannini (r.), 16 Gianni Dagli Orti, 17 (o.) Gianni Dagli Orti, 17 Araldo de Luca (u.), 18 David Lees, 19 The Art Archive (l.), Massimo Listri (r.), 20 Mimmo Jodice (o.), Archivo Iconografico, S.A. (u.), 21 Fine Art Photographic Library, 22 Historical Picture Archive, 23 Bettmann (o.), Araldo de Luca (u.), 24 Larry Dale Gordon/zefa, 25 Jose Fuste Raga, 26 Homer Sykes (l.), Bettmann (r.), 27 Historical Picture Archive, 28 Markus Botzek/zefa, 29 Franz-Marc Frei (o.), Werner Forman (u.), 30 Bettmann, 31 Christel Gerstenberg (o.), Ted Spiegel (u.), 32 Richard Powers, 33 Stapleton Collection, 35 Araldo de Luca, 36 Bettmann, 37 Hanan Isachar, 38 Historical Picture Archive, 39 Charles & Josette Lenars, 40 Sandro Vannini, 41 Archivo Iconografico, S.A. (o.), Stapleton Collection (u.), 42 Bill Ross, 43 Russell Underwood, 44 Stapleton Collection (o.), Araldo de Luca (u.), 45 Bettmann, 46 Frank Krahmer/zefa, 47 Corbis, 48 Sheldan Collins, 49 Ted Streshinsky (o.), Historical Picture Archive (u.). 50 Lindsay Hebberd, 51 Sakamoto Photo Research Laboratory (o.), Mike Cassese/Reuters (u.), 52 Hulton-Deutsch Collection, 53 Jeremy Horner, 55 Scot Frei, 56 Bettmann, 57 Al Francekevich, 58 Brooklyn Museum of Art (u.), 59 Thom Lang, 60 Bettmann, 62 Francis G. Mayer, 63 David Aubrey (o.), Bettmann (u.), 64 Jim Richardson (l.), 65 R. Holz/zefa, 66 STScI/NASA, 67 Fred Prouser/Reuters, 68 G. Baden/zefa (o.), Archivo Iconografico, S.A. (u.), 69 Bettmann, 71 Digital Art, 72 Christie's Images, 73 Bettmann, 74 Craig Aurness, 75 Ronnie Kaufman, 76 George B. Diebold (u.), 77 Historical Picture Archive, 78 Jacques-Edouard Vekemans, 79 Christina Cahill, 80 Archivo Iconografico, S.A., 81 Matthias Kulka/zefa, 82 Falko Updarp/zefa, 83 Rolf Bruderer, 84 Ragnar Schmuck/zefa (u.), Marco Cristofori, 85 Fine Art Photographic Library, 86 Bob Krist, 87 Historical Picture Archive, 88 Reuters, 89 Scot Frei (o.), Jonathan Blair (u.), 90 Bettmann, 91 Michael St. Maur Sheil, 92 Bettmann (l.), Red James/zefa (r.), 93 Guntmar Fritz/zefa

Stadtarchiv Löwenstein: 58 (o.)

Stempell, Kyra: 64 (r.), 76 (o.)

REGISTER